Gestión de la atención al cliente/consumidor

Miguel Ángel Sánchez Maza

Carlos Alberto Torres Gómez

Gestión de la atención al cliente/consumidor
© Miguel Ángel Sánchez Maza
© Carlos Alberto Torres Gómez

1ª Edición

© IC Editorial, 2025

Editado por: IC Editorial
c/ Cueva de Viera, 2, Local 3
Centro Negocios CADI
29200 Antequera (Málaga)
Teléfono: 952 70 60 04
Fax: 952 84 55 03
Correo electrónico: iceditorial@iceditorial.com
Internet: www.iceditorial.com

ISBN: 978-84-1184-912-8
Depósito Legal: MA-945-2025

Impresión: PODiPrint
Impreso en Andalucía – España

Nota de la editorial: IC Editorial pertenece a Innovación y Cualificación S. L.

Presentación del manual

El **Certificado de Profesionalidad** es el instrumento de acreditación, en el ámbito de la Administración laboral, de las cualificaciones profesionales del Catálogo Nacional de Cualificaciones Profesionales adquiridas a través de procesos formativos o del proceso de reconocimiento de la experiencia laboral y de vías no formales de formación.

El elemento mínimo acreditable es la **Unidad de Competencia.** La suma de las acreditaciones de las unidades de competencia conforma la acreditación de la competencia general.

Una **Unidad de Competencia** se define como una agrupación de tareas productivas específica que realiza el profesional. Las diferentes unidades de competencia de un certificado de profesionalidad conforman la **Competencia General,** definiendo el conjunto de conocimientos y capacidades que permiten el ejercicio de una actividad profesional determinada.

Cada **Unidad de Competencia** lleva asociado un **Módulo Formativo,** donde se describe la formación necesaria para adquirir esa **Unidad de Competencia,** pudiendo dividirse en **Unidades Formativas.**

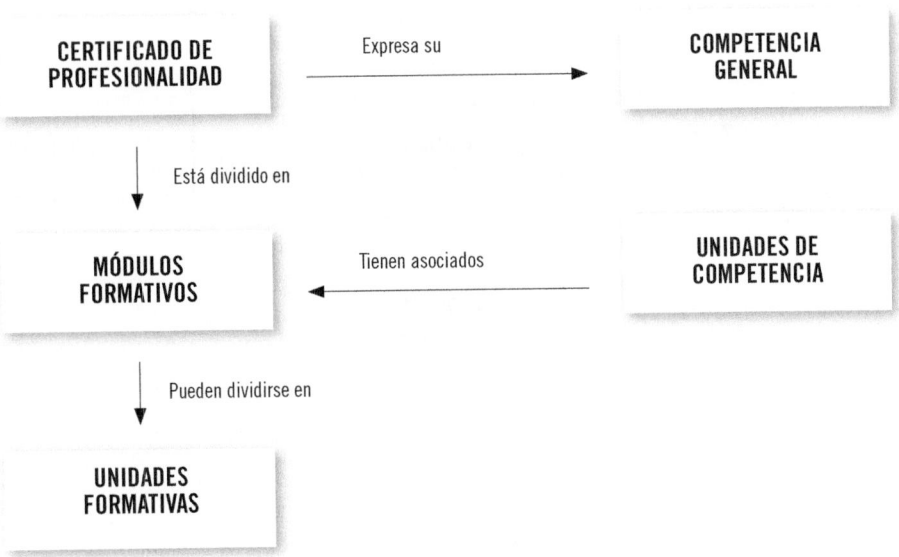

El presente manual desarrolla la Unidad Formativa **UF0036: Gestión de la atención al cliente/consumidor,**

perteneciente al Módulo Formativo **MF0241_2: Información y Atención al cliente / consumidor / usuario,**

asociado a la unidad de competencia **UC0241_2: Ejecutar las acciones del servicio de atención al cliente / consumidor / usuario,**

del Certificado de Profesionalidad **Actividades de venta.**

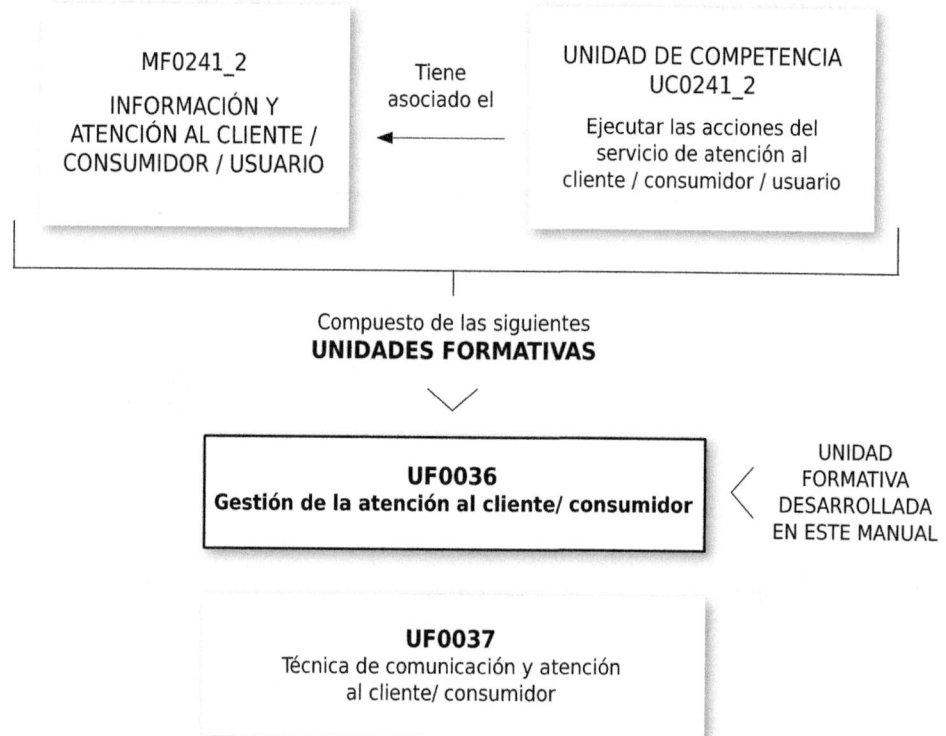

FICHA DE CERTIFICADO DE PROFESIONALIDAD

(COMV0108) ACTIVIDADES DE VENTA (R. D. 1377/2008, de 1 de agosto modificado por el R. D. 1522/2011, de 31 de octubre)

COMPETENCIA GENERAL: Ejecutar las actividades de venta de productos y/o servicios a través de los diferentes canales de comercialización estableciendo relaciones con el cliente de la manera más satisfactoria, alcanzando los objetivos propuestos por la organización y estableciendo vínculos que propicien la fidelización del cliente.

Cualificación profesional de referencia	Unidades de competencia		Ocupaciones o puestos de trabajo relacionados
COM085_2 ACTIVIDADES DE VENTA (R. D. 295/2004, de 20 de febrero y modificaciones publicadas en el R. D. 109/2008, de 1 de febrero)	UC0239_2	Realizar la venta de productos y/o servicios a través de los diferentes canales de comercialización	• 4601.002.5 Cajero/a de comercio • 5330.001.0 Dependiente de comercio • Vendedor/a • Promotor/a comercial • Operador de contac-center • Teleoperadoras (call-center) • Televendedor/a • Operador/a de venta en comercio electrónico • Técnico de información y atención al cliente
	UC0240_2	Realizar las operaciones auxiliares a la venta	
	UC0241_2	Ejecutar las acciones del servicio de atención al cliente / consumidor / usuario	
	UC1002_2	Comunicarse en inglés con un nivel de usuario independiente, en actividades comerciales	

Correspondencia con el Catálogo Modular de Formación Profesional

Módulos certificado	Unidades formativas	Horas
MF0239_2: Operaciones de venta	UF0030: Organización de procesos de venta	60
	UF0031: Técnicas de venta	70
	UF0032: Venta online	30
MF0240_2: Operaciones auxiliares a la venta	UF0033: Aprovisionamiento y almacenaje en la venta	40
	UF0034: Animación y presentación del producto en el punto de venta	60
	UF0035: Operaciones de caja en la venta	40
MF0241_2: Información y Atención al cliente/consumidor/usuario	UF0036: Gestión de la atención al cliente/consumidor	60
	UF0037: Técnica de comunicación y atención al cliente/consumidor	60
MF1002_2: Inglés profesional para actividades comerciales		90
MP0009: Módulo de prácticas profesionales no laborales		80

Índice

Índice

Glosario

Bibliografía

OBJETIVOS GENERALES

El objetivo general del Módulo formativo **MF0241_2: Información y atención al cliente/consumidor/usuario,** en el que queda integrada la **UF0036: Gestión de la atención al cliente/consumidor,** es:

⮞ Ejecutar las acciones de Atención al Cliente/Consumidor/Usuario.

El objetivo general de la Unidad Formativa **UF0036_2: Gestión de la atención al cliente/consumidor,** es:

⮞ Gestionar un sistema de información que optimice el coste y tiempo de tratamiento y acceso a la misma de acuerdo con las especificaciones establecidas.

Procesos de atención al cliente/ consumidor

Contenido

Objetivos

Los objetivos específicos de la unidad de aprendizaje son:

→ Analizar las características de una empresa/organización para transmitir la imagen más adecuada.

→ Aplicar los procedimientos adecuados para la obtención de la información necesaria en la gestión del control de la calidad del servicio prestado por una empresa/organización.

1. Introducción

La relación con el cliente se ha convertido en la clave del *marketing* actual; sin embargo, **obtener la satisfacción del cliente** no siempre es garantía de lealtad permanente. Por tanto, el desafío pasa por ofrecer soluciones específicas a las necesidades individuales de cada individuo. En este sentido, podemos diferenciar entre empresas que apuntan a un **público masivo** y empresas que tratan a cada cliente **como si fuera el único,** para lo cual deben escuchar lo que tienen que decir aquellos que compran sus productos o servicios, dedicando tiempo a desarrollar una sensibilidad especial para vincularse con cada uno de ellos.

Dicho esto, la **secuencia de fases y comportamientos** del proceso de atención al cliente se configura como uno de los aspectos más importantes **en la percepción de la calidad de un servicio,** entendido dicho proceso como el conjunto de actividades relacionadas entre sí, que permiten responder satisfactoriamente a las diferentes necesidades que presenta la figura del cliente; de esta manera, los procesos de atención al cliente a través de un contacto directo mediante los habituales canales de ventas o por medio de *call center,* son probablemente los más importantes para el éxito de una empresa. En otras palabras, son los principales responsables de la **fidelización de los clientes** y de la **diferenciación de la competencia.**

A lo largo de la unidad trataremos, entre otros aspectos, los **elementos y funciones de la atención al cliente,** las **empresas de servicios de atención** al cliente y los **factores a tener en cuenta** durante el desarrollo de dicha atención. Para ello, tomaremos como referencia los procesos de atención al cliente llevados a cabo por los trabajadores de **LIMPISA, S. L.,** compañía dedicada a comercializar y fabricar maquinaria y productos de limpieza, ubicada en un polígono industrial a las afueras de Valladolid.

2. Concepto y características de la función de atención al cliente

👉 HILO CONDUCTOR

Alberto es un estudiante que está realizando las prácticas de empresa en el Departamento Comercial de LIMPISA. Tras finalizar su contrato, en la empresa le han ofrecido un puesto en el Departamento de Atención al Cliente, pero Alberto nunca había desempeñado antes un trabajo similar y no conoce cuáles son las principales funciones del departamento.

La atención al cliente puede entenderse como **el servicio que prestan las empresas que ofrecen servicios y/o comercializan productos** a los clientes para la satisfacción de sus necesidades, entre las que se encuentran:

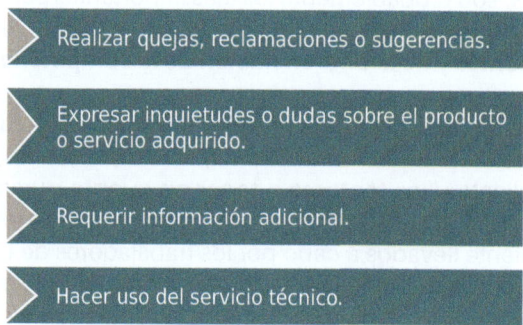

Realizar quejas, reclamaciones o sugerencias.

Expresar inquietudes o dudas sobre el producto o servicio adquirido.

Requerir información adicional.

Hacer uso del servicio técnico.

Al mismo tiempo, la atención o servicio al cliente puede concebirse como un concepto de trabajo, es decir, una manera de hacer las cosas que afecta a la totalidad de la organización, tanto en la forma de atender al público externo (clientes) como al público interno (trabajadores, accionistas, etc.).

NOTA

La atención al cliente puede llevarse a cabo a través de diferentes medios: presencial, telefónica, *online*, etc., siempre tratando de adaptarse a las necesidades de los clientes.

Según Bernard J. La Londe y Paul H. Zinser, en su obra *Customer Service: Meaning and Measurement,* los elementos de la atención al cliente se desglosan en los siguientes elementos/funciones:

Antes de la venta	Durante la venta	Después de la venta
- Política de servicio al cliente. - Transmisión de la política de servicio al cliente. - Estructura organizativa adecuada. - Flexibilidad del sistema. - Servicios de gestión y apoyo.	- Disponibilidad de existencias. - Información de pedidos. - Precisión en la información. - Consistencia en el ciclo de pedidos. - Envíos especiales de mercancía. - Transporte. - Facilidad de realización de pedidos. - Sustitución del producto.	- Instalación, garantía, alteraciones, reparaciones, etc. - Trazabilidad del producto. - Reclamaciones, quejas y devoluciones del cliente. - Sustitución temporal de productos.

2.1. Empresas fabricantes

En la actualidad, las empresas fabricantes deben atender a dos tipos de clientes: los **distribuidores** y los **consumidores finales.** Por lo tanto, los fabricantes deben adaptarse a las necesidades de ambas figuras, dando respuestas diferentes a cada uno de ellos y logrando afianzar las relaciones a largo plazo.

Distribuidores

Son las empresas mayoristas y minoristas que compran los productos elaborados directamente a los fabricantes. El servicio a estos clientes se centra en:

- ⮊ Pedidos.
- ⮊ Entregas.
- ⮊ Pago a crédito.
- ⮊ Reclamaciones, quejas y devoluciones.
- ⮊ Información técnica.
- ⮊ Piezas de reparación.

Consumidores finales

Son los compradores de los productos elaborados por los fabricantes en los establecimientos distribuidores. La atención a los consumidores finales se especializa, sobre todo, en:

- ⮊ Información técnica.
- ⮊ Reparaciones y devoluciones (en el caso de no hacerlas el distribuidor).
- ⮊ Garantía.

 **EJEMPLO**

En algunos casos se puede hablar de una doble atención al cliente:

- Atención al distribuidor.

Los fabricantes de coches envían a los concesionarios las piezas de recambio.

Continúa en página siguiente ⟩⟩

<< Viene de página anterior

- Atención al consumidor final.

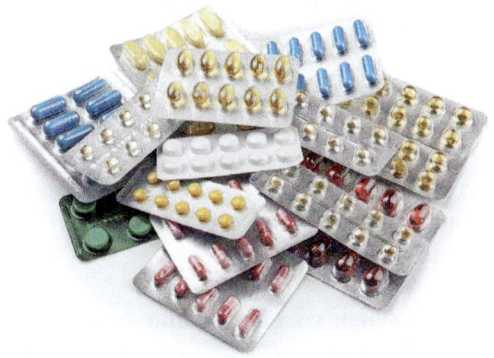

La mayoría de laboratorios farmacéuticos, fabricantes de medicinas, etc., ofrecen un teléfono de información gratuita al consumidor final que compra sus productos en las farmacias.

2.2. Empresas distribuidoras

El distribuidor de un bien o servicio es la **empresa que pone a disposición de los consumidores finales los bienes del fabricante** para su consumo directo a través de una red de establecimientos o a distancia. En este sentido, las empresas distribuidoras siempre deben tener en cuenta la atención al cliente, dado que tratan directamente con ellos.

NOTA

Los distribuidores pueden ser mayoristas, en el caso de vender a minoristas y no al consumidor final, o minoristas, cuando venden al consumidor final.

El caso de los supermercados, hipermercados y tiendas de barrio

Para ilustrar el caso de la atención al cliente en los distribuidores, tomaremos como ejemplo explicativo el comportamiento de los supermercados e hipermercados. Estos basan su estrategia comercial en la **agrupación de grandes cantidades de productos,** aprovechando la extensión de sus instalaciones y, que al mismo tiempo, ofrecen **precios significativamente inferiores** a otros tipos de establecimientos; de esta forma, atraen a los clientes e incrementan sus ventas.

Sin embargo, la **atención que ofrecen a los clientes suele ser deficiente:** trato despersonalizado, complicados trámites para presentar quejas, reclamaciones, etc.

En los pequeños comercios, el trato entre el personal y los clientes es más directo y se llegan a desarrollar relaciones más estrechas:

> El personal conoce al cliente y lo atiende según sus preferencias.

> Las quejas y sugerencias son directamente recibidas por el personal que los atiende y se canalizan de forma más rápida.

> Respuesta rápida a la búsqueda de soluciones de los clientes.

De este modo, podemos concluir que **el servicio de atención al cliente en los pequeños establecimientos** es más personal, cercano, cálido y eficiente.

2.3. Empresas de relaciones con clientes y servicios de atención al cliente

En un mercado tan competitivo como el actual, la **capacidad de prestar un servicio rápido, eficiente y personalizado** por parte de las empresas tiene un impacto directo en su reputación y es la clave del éxito en la captación y retención de clientes, sobre todo en las empresas que desarrollan la atención al cliente de forma interna.

Las funciones del Departamento de Atención al Cliente podrán variar en función del tamaño y tipo de empresa de la que se trate. Generalmente, en el Departamento de Atención al Cliente se suelen realizar las siguientes funciones:

- Atención de quejas y reclamaciones.
- Recepción de sugerencias de los clientes.
- Control y seguimiento de quejas.
- Gestión del CRM.
- Nexo entre los clientes y los diferentes departamentos de la empresa.
- Etc.

La formalización telefónica de acuerdos de venta es una función que correspondería al Departamento de Ventas de la empresa.

Sin embargo, también existen empresas que se dedican exclusivamente a la atención al cliente, es decir, empresas que **ofrecen los servicios de atención al cliente** a aquellas compañías que no realizan esta función en sus instalaciones, o bien, desean ampliarla. En cualquier caso, las funciones de los servicios de atención al cliente son las mismas.

Call centers y atención al cliente

Un tipo de empresa dedicada exclusivamente a la atención al cliente son los *call centers.* Gracias al **avance de la tecnología y de las herramientas especializadas,** este sector ha experimentado un gran crecimiento y puede ofrecer un servicio en tiempo real a los clientes, cumpliendo así su demanda e incrementando, además, sus ventas.

 **DEFINICIÓN**

Call center
Centro de servicio telefónico entre una empresa y sus clientes.

Los principales servicios prestados por un *call center* son:

- *Telemarketing:* lanzamiento de nuevos productos, relanzamiento de productos ya existentes, desarrollo de relaciones más rentables, etc.
- Televenta: promociones, adquisición de bienes, etc.
- Encuestas y elaboración de bases de datos.
- Toma de pedidos.

- Ayuda social en catástrofes humanitarias.
- Información y consulta de horarios, productos, etc.
- Reservas en hoteles, billetes, etc.
- Soporte técnico.
- Emergencias y asistencia en línea.
- Servicio posventa.

Los *call centers* pueden resultar de gran utilidad para desarrollar la función de atención al cliente, pues a través de ellos se puede llevar a cabo la gestión de quejas, reclamaciones, pedidos, servicio posventa, etc., convirtiéndose en meros **intermediarios que operan a través del teléfono entre la empresa en cuestión y el cliente.**

 EJEMPLO

Hay organismos públicos que utilizan los *call centers* para gestionar los servicios que ofrecen a sus usuarios. Por ejemplo:

- El **SAS** contrata un *call centers* para gestionar ciertos servicios de atención al cliente: cita previa, emergencias sanitarias, etc.
- La **Agencia Tributaria** recurre a los *call centers* durante el período de realización de la **Declaración de la Renta sobre Personas Físicas** para ofrecer a los contribuyentes un servicio de consulta y apoyo para cumplimentar dicho documento.

En los últimos años, los *call centers* han evolucionado gracias al soporte que ofrecen las nuevas tecnologías de la información y de la comunicación, transformándose en los denominados *contact centers*.

 DEFINICIÓN

Contact center
Centro en el cual se integran diferentes canales de interacción con la empresa. Al teléfono se añaden otros medios como el fax, internet, *e-mail*, SMS, etc.

ACTIVIDAD COMPLEMENTARIA

1. En esta actividad deberás localizar varios ejemplos de empresas fabricantes, distribuidoras y de relaciones con clientes, y determinar cuáles son los aspectos que permiten diferenciar unas de otras.

2.4. El defensor del cliente: pautas y tendencias

En nuestro país, la figura del defensor del cliente lleva funcionando desde el año 1989, aunque, en realidad, son muchos los usuarios que desconocen la existencia de este rol. Su principal ocupación está constituida por la protección y defensa de los derechos e intereses de los clientes. Además, ejerce como mediador entre estos y la empresa para la que trabaja, velando para que las relaciones entre las empresas y los clientes se establezcan de acuerdo a los principios de buena fe, equidad y confianza recíproca.

La función básica del defensor del cliente es atender a los clientes que han presentado una reclamación ante la empresa y no están satisfechos con la respuesta facilitada, o bien, no han recibido respuesta en el plazo de dos meses.

En este caso, el correspondiente **procedimiento de actuación** se llevará a cabo a través de los siguientes pasos:

Cualquier cliente que haya presentado una reclamación ante la empresa y no esté satisfecho con la respuesta facilitada o no haya recibido contestación en el plazo de dos meses, puede solicitar sus servicios.

El cliente contactará con el defensor del cliente mediante los correspondientes formularios ofrecidos por la empresa u organización.

Continúa en página siguiente >>

<< Viene de página anterior

Posteriormente, el cliente recibirá un acuse de recibo.

A continuación, el defensor del cliente se pondrá manos a la obra y comenzará a recabar la información necesaria de ambas partes (empresa y cliente) para elaborar un dictamen sobre la cuestión.

En un período máximo de dos meses, el cliente recibirá una respuesta.

 ## PARA SABER MÁS

Escanea el siguiente código para conocer la figura y funciones del defensor del cliente de las aseguradoras:

https://redirectoronline.com/uf00360101

3. Dependencia funcional del departamento de atención al cliente

☞ **HILO CONDUCTOR**

Sara López suele recordar a sus compañeras que el Departamento de Atención al Cliente considera clientes internos a todas las áreas de la empresa, ya que todas ellas dependen, en mayor medida, de la labor realizada a diario por Sara y su equipo.

La organización se tiene que dar en situaciones muy diversas, pero hay lugares en los que el concepto **organización** ha de cumplir una función principal.

En el sentido más amplio del término, la organización integra todas aquellas **formas de ordenación social de la vida de una sociedad.** Así, las organizaciones están compuestas de individuos o grupos en vista a lograr ciertos fines y objetivos a través de funciones diferenciadas, racionalmente coordinadas y dirigidas.

A continuación, se analizará el concepto de estructura organizativa en la empresa, así como cada uno de los elementos que la componen.

3.1. La estructura organizativa

Por lo general, en toda empresa se produce una combinación de recursos materiales y humanos orientados a la consecución de un fin según un conjunto de dependencias e interrelaciones entre los diferentes elementos que la constituyen. Este conjunto de dependencias e interrelaciones se conoce como **estructura organizativa.**

NOTA

La Dirección hace uso de la **estructura organizativa** para definir las actividades a desarrollar, determinar los recursos y medios a utilizar, las relaciones entre las personas, puestos de trabajo y unidades de organización, los procedimientos para la mejora de las actividades y el mejor empleo de los recursos.

Elementos de la estructura organizativa

La estructura organizativa incluye los siguientes elementos:

- **Organigrama y descripción de puestos de trabajo:** el conjunto de relaciones y obligaciones formales.
- **Diferenciación:** la forma en que las diversas actividades o tareas son asignadas a diferentes departamentos y/o personas en la organización.
- **Integración:** la forma en que estas tareas o actividades son coordinadas.
- **Sistema administrativo:** las políticas, procedimientos y controles formales que guían las actividades y relaciones de los componentes de la organización.
- **Sistema de autoridad:** las relaciones de poder, de estatus y jerarquías dentro de la organización.

Aunque en la práctica es imposible la separación de los aspectos formales e informales, siendo la estructura real de la organización una combinación de ambos, al hablar de la estructura organizativa hay que diferenciar entre:

Estructura organizativa formal	Estructura organizativa informal
- Esta estructura analiza las **relaciones entre los distintos elementos organizativos** que han sido previamente establecidos por la Dirección, buscando el logro de los objetivos empresariales de una forma eficiente a través de la división del trabajo y su posterior comunicación.	- Esta estructura analiza las **relaciones que existen entre las personas,** que responden a las necesidades de relación entre los individuos que entran en contacto con su trabajo. Estas relaciones tienen un carácter espontáneo y se dan de manera implícita, pues no son conscientemente establecidas ni expresadas detalladamente por la Dirección.

Los diversos **tipos de estructuras organizativas** responden a una situación determinada en cuanto al entorno, sector de la empresa, cultura organizativa y estrategia. Observa a continuación las diferencias existentes entre las estructuras organizativas formales e informales:

	Estructuras organizativas formales	Estructuras organizativas informales
Origen	Diseñada por los responsables de la misma.	Surge de relaciones espontáneas entre los trabajadores.
Objetivos	Han sido previamente planificados para conseguir los fines de la empresa.	Responden a necesidades personales.
Estructura	Su estructura es jerárquica.	Cruza las líneas jerárquicas de la organización formal.
Autoridad	Está claramente delimitada.	Es ejercida normalmente por líderes carismáticos.
Representación gráfica	Se representa por el organigrama.	No se representa por organigrama.
Duración	El cambio de la estructura suele ser un proceso planificado y no constante.	Las relaciones entre trabajadores suelen variar con frecuencia en función de sus intereses.
Finalidad	Conseguir los objetivos marcados.	Los fines pueden ser muy variados: transmitir informaciones, crear rumores, recoger opiniones e ideas del grupo, etc.

3.2. Organización funcional de la empresa: organigrama

El organigrama es la **representación gráfica de la estructura orgánica** de una institución o una de sus áreas. Este gráfico debe describir de forma esquemática la línea jerárquica, las relaciones de autoridad y responsabilidad, la división de funciones, los canales de autoridad y comunicación, y las relaciones existentes entre los distintos departamentos o secciones de la empresa.

En este sentido, el organigrama puede ser **general,** si refleja toda la estructura de la empresa, o **parcial,** en caso de que refleje una parte de esta. No obstante, existen diversos **tipos y clasificaciones de organigramas.**

Observa la disposición que presenta cada uno de los departamentos de esta empresa de telefonía móvil, que ha reestructurado recientemente las áreas que configuran la totalidad de su organigrama:

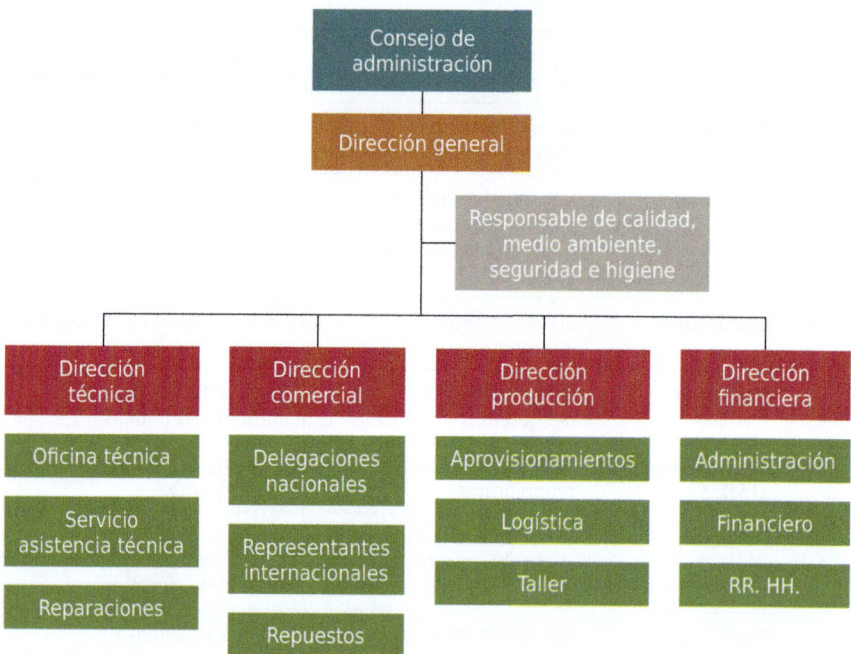

Los organigramas deben representar la estructura jerárquica de la organización. Para adaptarse a las particularidades de cada empresa, se pueden utilizar diferentes tipos de organigramas.

Atendiendo a distintos criterios, los organigramas pueden clasificarse en cuatro grandes grupos.

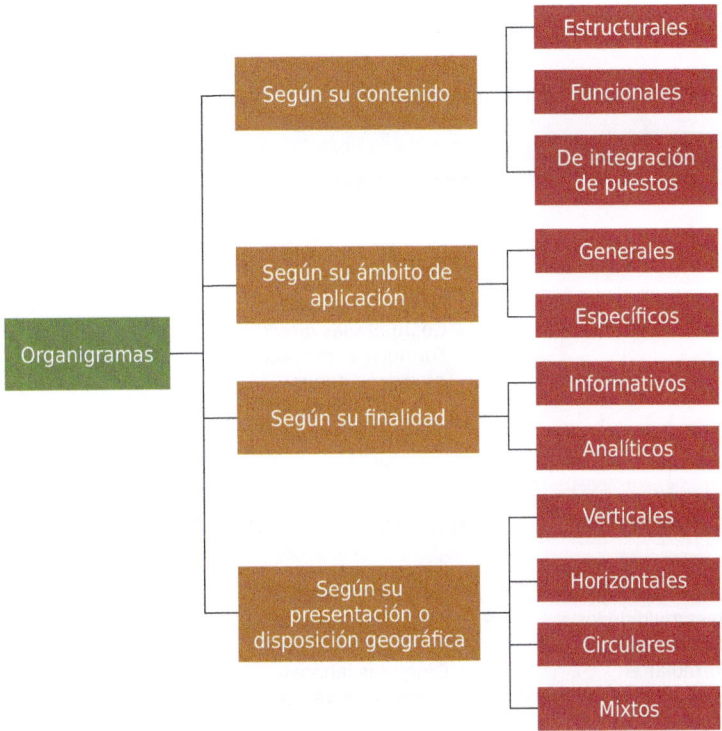

A continuación, se analizará cada tipo de organigrama de manera pormenorizada.

Estructurales

Tienen por objeto la representación gráfica de todas las unidades administrativas de una organización y sus relaciones de jerarquía o dependencia.

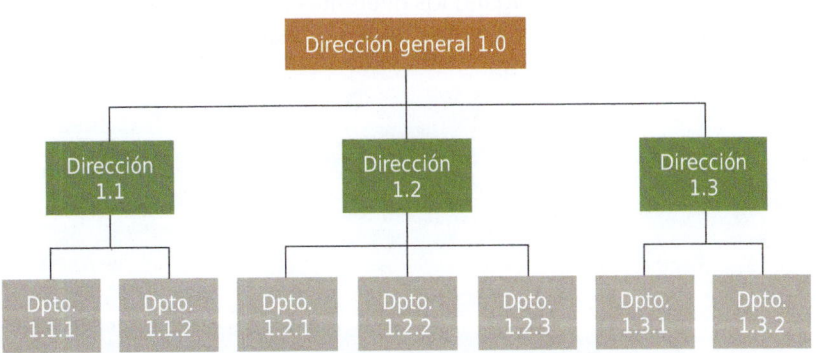

Funcionales

Indican, además de los órganos, las funciones principales que estos realizan.

DIRECCIÓN GENERAL

1. Cumplir los acuerdos de la junta administrativa
2. Vigilar el cumplimiento de los programas
3. Coordinar las direcciones
4. Formular el proyecto del programa general

DIRECCIÓN TÉCNICA

5. Evaluar y controlar la aplicación y desarrollo de los programas
6. Formular el programa anual de labores
7. Dirigir las labores administrativas de su área

DIRECCIÓN FINANCIERA

8. Obtener los resultados necesarios
9. Formular el programa anual de financiación
10. Dirigir las labores administrativas de su área

DIRECCIÓN DE PROMOCIÓN Y COORDINACIÓN

11. Establecer relaciones de asistencia promocional
12. Establecer relaciones de cooperación y apoyo
13. Supervisar al Departamento de Compras
14. Formular el programa de trabajo
15. Proponer modelos de autoabastecimiento parcial
16. Organizar y coordinar seminarios

De integración de puestos

Señalan para cada órgano los diferentes puestos establecidos en cada órgano, así como el número de puestos existentes y requeridos.

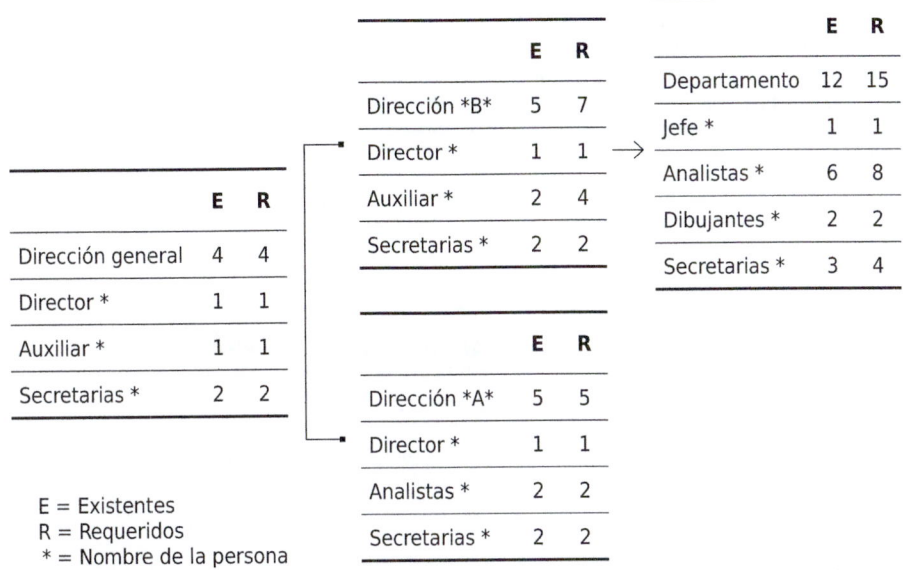

	E	R
Dirección general	4	4
Director *	1	1
Auxiliar *	1	1
Secretarias *	2	2

	E	R
Dirección *B*	5	7
Director *	1	1
Auxiliar *	2	4
Secretarias *	2	2

	E	R
Dirección *A*	5	5
Director *	1	1
Analistas *	2	2
Secretarias *	2	2

	E	R
Departamento	12	15
Jefe *	1	1
Analistas *	6	8
Dibujantes *	2	2
Secretarias *	3	4

E = Existentes
R = Requeridos
* = Nombre de la persona

Generales

Contienen información representativa de una organización hasta un determinado nivel jerárquico, según su magnitud y características.

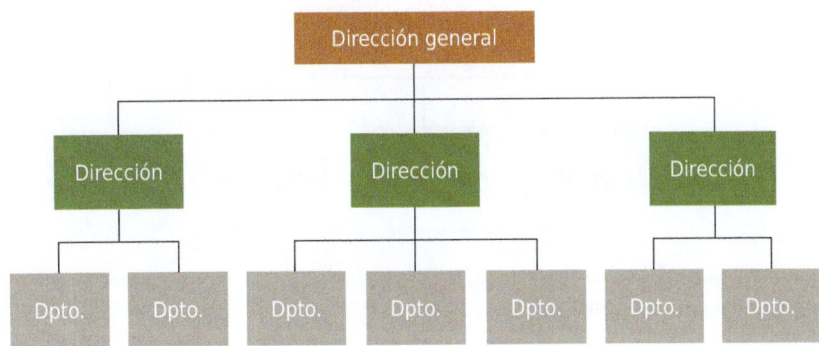

Específicos

Muestran la estructura de una determinada área o unidad de la empresa (departamentos o divisiones). Ofrecen mayores detalles sobre puestos, relaciones, autoridad y obligaciones. Generalmente, comprenden todos los niveles y puestos del área que representan. Por ejemplo, puede existir un organigrama del Departamento de Ventas, otro del Departamento de Contabilidad, etc.

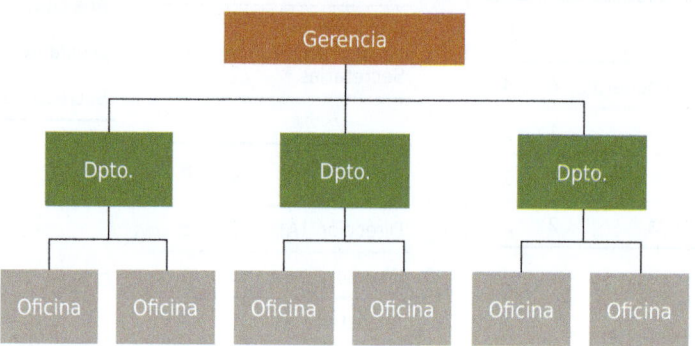

Organigramas informativos

Se diseñan con el fin de ser puestos a disposición del público en general para informarle de la estructura de la empresa. Suelen contar con un esquema simplificado y sin detalles.

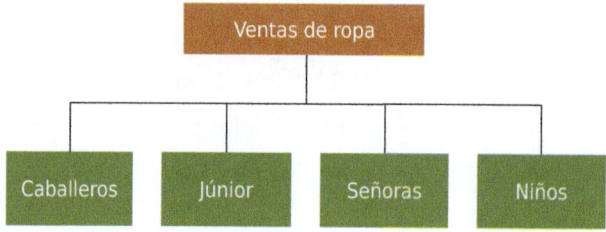

Organigramas analíticos

Representan con máximo detalle la estructura de una empresa para facilitar su estudio. Se complementan con informaciones anexas y por escrito, y son utilizados por la alta dirección y los expertos.

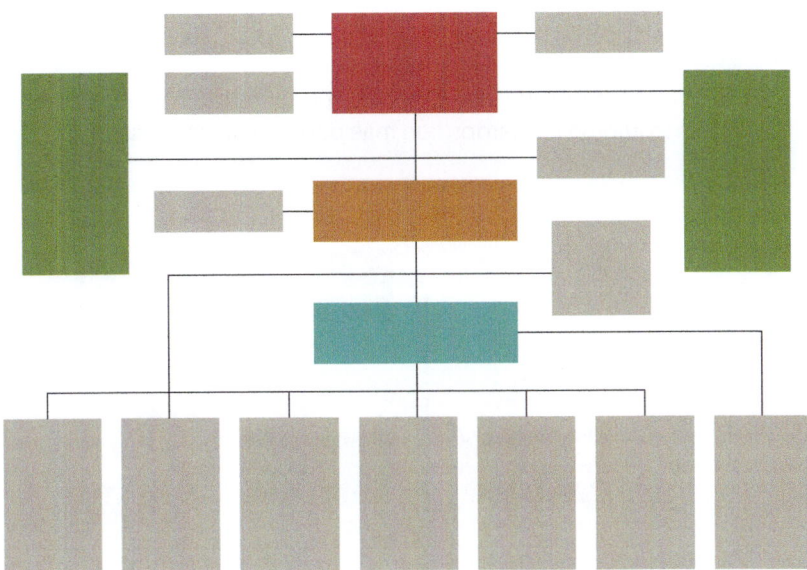

Verticales

Sitúan en la cabeza de la estructura los órganos que tienen más autoridad, descendiendo en diferentes niveles el resto de puestos. Los organigramas, en general, y sobre todo los verticales, sirven para organizar las responsabilidades y saber en quién se delegan (descendente) o a quién debemos dirigirnos para resolver problemas (ascendente).

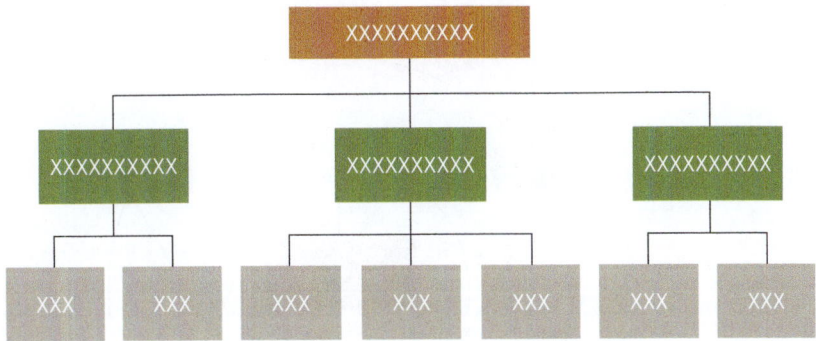

Horizontales

Desplazan los puestos de trabajo de menor rango hacia la derecha, situando a la izquierda los cargos con más poder en la empresa.

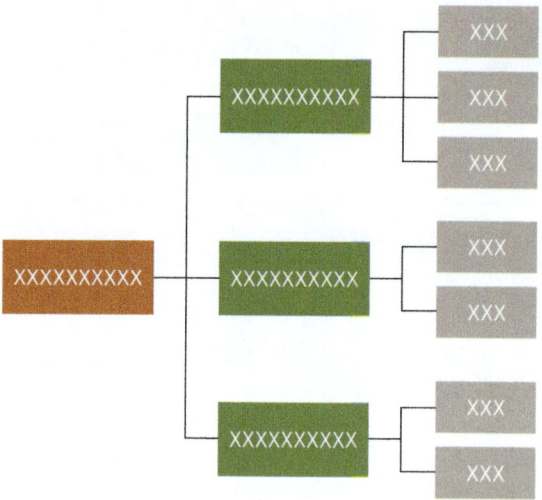

Circulares

El órgano representado de mayor jerarquía se sitúa en el centro, las líneas de autoridad parten del centro a la periferia y los distintos niveles aparecen como círculos concéntricos, los cuales, dependiendo de su cercanía al centro, determinan la jerarquía de los mismos dentro de la organización.

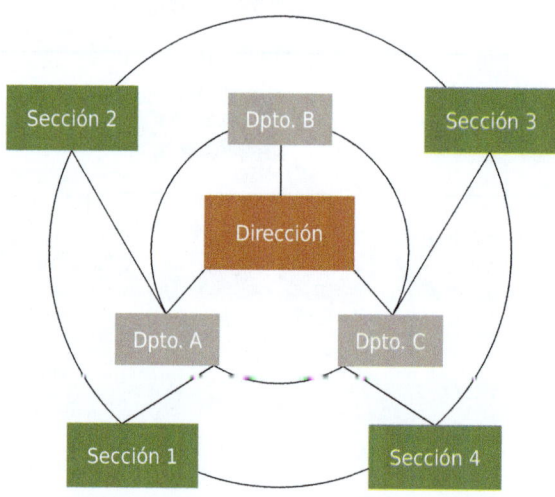

Mixtos

Son una combinación del formato vertical y horizontal (el formato vertical para algunos niveles y el horizontal para otros).

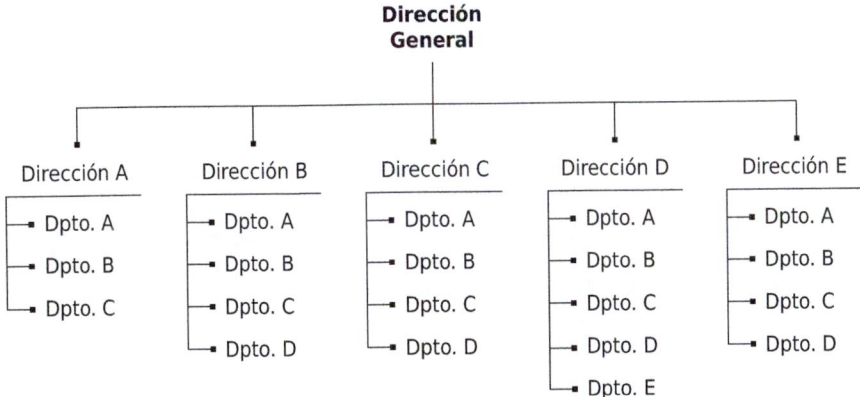

 **NOTA**

Una de las desventajas de los organigramas es que muestran solo las relaciones formales, obviando las relaciones reales.

APLICACIÓN PRÁCTICA

Dadas las siguientes tipologías de organigramas, determina cuál de ellas se ha utilizado para diseñar el organigrama anterior:

a. **Vertical**
b. **Horizontal**
c. **De bloque**
d. **Circular**
e. **Mixto**

Continúa en página siguiente >>

<< Viene de página anterior

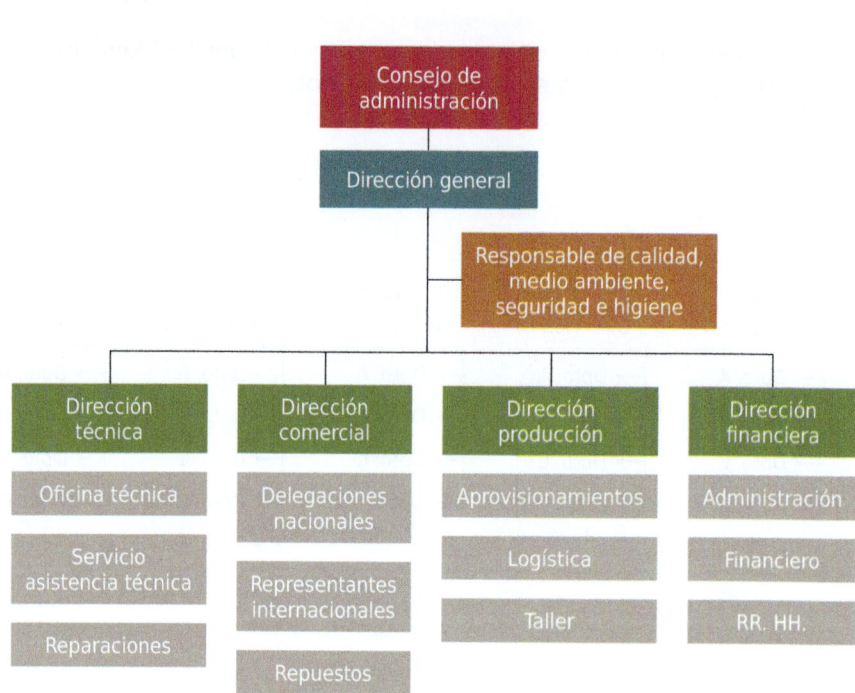

Solución

El organigrama presentado es de tipología **mixta,** ya que hace referencia a una combinación del formato vertical y horizontal (el formato vertical para algunos niveles y el horizontal para otros).

Elaboración de organigramas

A la hora de diseñar un organigrama, deberán tenerse en cuenta las **consideraciones** que aparecen a continuación:

- ➲ Deben ser claros y fácilmente comprensibles.
- ➲ Se utilizarán figuras geométricas para representar los departamentos que componen la estructura de la empresa.
- ➲ Las figuras tendrán un tamaño similar, con independencia del puesto que representen.

- ⮑ La ocupación de cada departamento o sección dentro de un mismo nivel no indica ninguna prioridad o preferencia.
- ⮑ Deben tenerse en cuenta los niveles de mando o jerarquías en la organización.
- ⮑ La relación entre los diferentes niveles y departamentos o secciones deberá representarse por medio de líneas que unan las figuras.
- ⮑ Las líneas serán de trazo continuo para referirse a las relaciones jerárquicas y de trazo discontinuo para el resto de las relaciones.

Diferenciación y agrupación de actividades: departamentalización

La departamentalización es el proceso de división y agrupación de funciones y actividades en unidades específicas, según su grado de similitud para lograr los objetivos marcados. Está directamente relacionada con el tamaño de la empresa y con la complejidad de las operaciones, actividades y funciones; de esta forma, al analizar la actividad de una empresa, pueden distinguirse con claridad los siguientes grupos de **funciones:**

- ⮑ **Dirección:** planificación, organización, coordinación, comunicación, control y toma de decisiones.
- ⮑ **Compras:** aprovisionamiento, compras, almacenamiento de materias primas y de productos finales y gestión de *stocks.*
- ⮑ **Producción:** transformación de materias primas y productos, y fabricación.
- ⮑ **Financiación:** tesorería, presupuestos, gestión de cobros y pagos, movimientos de dinero, relación con entidades bancarias, seguros, inversiones, etc.
- ⮑ **Comercialización:** organización y realización de las ventas, estudio de mercado, estrategias de comercialización y publicidad.
- ⮑ *Marketing:* diseño de estrategias de *marketing* (producto, precio, distribución y comunicación).
- ⮑ **Recursos humanos:** puestos de trabajo, selección, contratación, formación, elaboración y pago de nóminas y administración de personal.
- ⮑ **Administración:** control de la documentación, archivo, registro y contabilidad de operaciones, declaración y pago de impuestos, elaboración de informes, propuestas de objetivos y relaciones con organismos y otras entidades.
- ⮑ **I+D:** funciones de investigación y desarrollo de nuevos productos y técnicas.

Según la situación específica de cada empresa, los **tipos de departamentalización** más comunes son los siguientes:

Funcional
- Consiste en agrupar las actividades semejantes según su función principal, es decir, la empresa se dividirá en departamentos que realizan una función específica.

Por productos
- Es característica de las empresas que fabrican diversas líneas de productos y divide el trabajo bajo el criterio de los productos o líneas de productos que ofrece la empresa.

Por clientes
- Es otro criterio de agrupación basado en la segmentación del mercado, que se caracteriza porque el factor determinante del éxito de la empresa es la proximidad al cliente y la capacidad de adaptarse a sus exigencias.

Geográfica
- Consiste en agrupar todas las actividades que se desarrollen o afecten a un espacio geográfico determinado bajo la dirección de un responsable del área.

Por procesos
- Es una forma de estructuración de actividades, en la cual los materiales, equipos, tareas y personas se agrupan según las funciones técnicas que constituyen etapas del proceso de trabajo global.

Por turnos
- Es utilizada en empresas productoras que trabajan sin interrupción los tres turnos, para controlar cada uno de los turnos, o cuando se trate de labores que manejen una gran cantidad de números o letras.

TAREA 1

Los tipos y clasificaciones de organigramas a la hora de representar la estructura de una empresa son muy diversos. Observa los organigramas correspondientes a estas empresas:

Continúa en página siguiente >>

<< Viene de página anterior

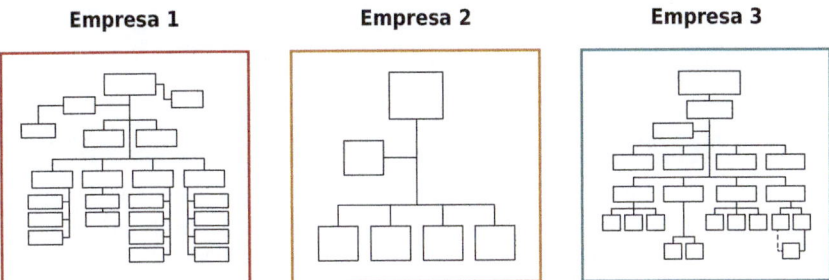

¿A qué tipología responden? Analiza cuáles son los objetivos y características de cada una de estas empresas, en función de las cuales se ha elaborado el tipo de organigrama correspondiente a las mismas.

3.3. Interrelaciones del Departamento de Atención al Cliente: comercial, financiero y de ventas

Actualmente, el gran desafío del *marketing* consiste en lograr clientes satisfechos y con sus necesidades cubiertas; sin embargo, debido tanto a la dinámica social y cultural de la empresa como a la llegada de las nuevas tecnologías, está obligado a imprimir cambios en su filosofía y en su modo de hacer.

Esto significa potenciar en el seno de la compañía una cultura-cliente, para lo cual es necesario contar con profesionales que posean un gran sentido de la responsabilidad y formación suficiente para poder comunicar al cliente los intangibles que lleva consigo la palabra servicio o producto.

Y es que mantener a un cliente resulta sensiblemente más barato que conseguir uno nuevo, además de suponer un coste notablemente inferior al de la recuperación de un cliente perdido. Por ello, las empresas invierten enormes esfuerzos en potenciar una cultura de atención al cliente que les permita fidelizarlo. Es el denominado *marketing* relacional.

Ubicación del Departamento de Atención al Cliente

Partiendo de los departamentos que conforman el área comercial de una empresa, observa dónde se ubicaría la atención al cliente:

Compras	Almacén

- Sus funciones principales son:
 	
  - Conocimiento del mercado.
  - Selección de mercaderías.
  - Trámite de compras.
	- Sus funciones principales son:
	
	  - Organización de artículos.
	  - Gestión de *stocks*.
	  - Logística: entradas y salidas de mercancías.

Ventas	*Marketing*

- Sus funciones principales son:
 	
  - Venta de productos o servicios.
  - Atención a clientes.
  - Ejecución del plan de *marketing*.
	- Sus funciones principales son:
	
	  - Investigación de mercados.
	  - Plan de *marketing* y diseño de estrategias para el lanzamiento de nuevos productos.
	  - Publicidad y propaganda.

En función del tamaño de la empresa, esta puede tener o no un Departamento propio de Atención al Cliente. En las grandes empresas la atención al cliente tiene su propio departamento, enmarcado en el **área Comercial,** mientras que en las de menor tamaño la atención al cliente es una **sección del Departamento de Ventas,** como has podido observar.

Relación del Departamento de Atención al Cliente con otros departamentos

Es tal el grado de importancia de la atención al cliente que estratégicamente se sugiere que haya un departamento independiente para no sufrir presión alguna. Sin embargo, es comprensible que haya casos en los que no exista tal departamento.

En ese caso, se aconseja la creación de **comités internos de trabajo** formados por los departamentos de *Marketing*, Ventas, Finanzas, Logística, Producción, etc., con objeto de fijar unas pautas de referencia, como si se dispusiera de un departamento propio.

Funciones del Departamento de Atención al Cliente

Se disponga o no de un departamento específico para esto, la importancia y utilidad que ostenta el servicio de atención al cliente requiere la delimitación de sus funciones para que no se solapen con las realizadas por otros departamentos; de esta forma, las **funciones** de la atención al cliente son:

- ⬎ Descubrir las necesidades del cliente y funcionar como fuente de información para la empresa.
- ⬎ Detectar las posibles áreas de mejora.
- ⬎ Satisfacer necesidades y fidelizar al cliente desplegando una escucha activa.
- ⬎ Valorar las condiciones del cliente en el caso de que este lo solicite.
- ⬎ Llevar a cabo un control y seguimiento de los clientes hasta lograr su total satisfacción.
- ⬎ Atender las llamadas, solicitudes, quejas y reclamaciones que presenten los clientes de forma profesional y plasmarlas en un registro organizado.
- ⬎ Asegurar la venta de productos y servicios de la empresa.
- ⬎ Realizar de forma periódica un informe sobre el funcionamiento interno del departamento.

 TAREA 2

La empresa del señor Antúnez se dedica a la fabricación y comercialización de artículos para el hogar y material de oficina bajo las directrices de la Dirección General, que se encuentra integrada por las gerencias de Producción, Ventas y Recursos Humanos.

El área de Ventas está compuesta por un único departamento a cargo de todos los vendedores; por su parte, el área de Producción se halla departamentalizada por productos, lo que facilita la administración y división de las tareas a realizar. La compra de materia prima de los departamentos se lleva a cabo por medio de la sección Compras, que depende directamente del área de Producción.

Por último, el área de Recursos Humanos se encuentra dividida en dos partes: una sección de Reclutamiento con una oficina de Búsqueda y un departamento de Formación, que a su vez se subdivide en dos secciones: Perfeccionamiento y Orientación. La gestión contable ha sido recientemente externalizada a otra

Continúa en página siguiente >>

<< Viene de página anterior

empresa, mientras que la Dirección General cuenta entre sus miembros con un asesor que ayuda a controlar los resultados de la consultora contratada.

En función de estos datos, confecciona el organigrama de la empresa del señor Antúnez, seleccionando la tipología que mejor se adecúe a la distribución de los departamentos o áreas de la empresa.

4. Factores fundamentales desarrollados en la atención al cliente

☞ HILO CONDUCTOR

Sara López y sus compañeras de atención al cliente atienden multitud de llamadas telefónicas todos los días. La mayoría de esas llamadas se resuelven rápidamente; sin embargo, hay algunas cuya resolución conlleva un poco más de esfuerzo. En esos casos, el responsable del departamento insiste en el hecho de trabajar una y otra vez aspectos relacionados con la comunicación, la creatividad o la escucha.

Cualquier empresa puede **prestar un servicio de alta calidad,** pero dicho servicio debe ser transmitido a los clientes, con objeto de establecer una conexión que beneficie a la percepción del mismo. Así, en la atención al cliente hay una serie de **factores** que se deben trabajar para poder brindarle al cliente una correcta y adecuada atención. Estos factores son los siguientes:

4.1. Naturaleza

La atención al cliente no siempre ha ocupado el mismo lugar en el seno de la empresa, ni tampoco se le ha concedido la misma importancia a lo largo de la historia. A continuación, se muestra la evolución que han seguido.

Con el inicio de la segunda revolución industrial, los productos se ofertaban en el mercado sin apenas analizar las necesidades de los clientes.

Gestión orientada a la producción

La **década de los sesenta** supone grandes cambios en la economía: la competencia creció, de forma que la oferta se aproximaba a la demanda y los consumidores comenzaron a disponer de un amplio abanico de diferentes marcas y modelos entre los que elegir.

Gestión orientada a las ventas

La **actualidad** se caracteriza por su entorno cambiante y extremadamente competitivo. Este contexto provoca que las empresas adopten un estilo de gestión orientada al mercado y a los clientes. Ya no es suficiente con cambiar una gestión de ventas, sino que también ha de diversificarse la producción para así poder llegar a satisfacer los gustos y necesidades de los clientes, ofreciéndoles además un servicio antes, durante y después de la venta que sea igual o superior a sus expectativas para lograr su satisfacción.

Gestión orientada a los clientes

De esta forma, tal y como se entiende hoy en día, la atención al cliente debe fijarse unos **objetivos** muy precisos:

- Permitir y facilitar que el cliente elija de acuerdo con sus necesidades y preferencias.
- Prestarle la información necesaria para que haga un buen uso del producto adquirido.
- Realizar la entrega del producto en las condiciones que se han acordado (envío, tiempo, etc.).
- Realizar un seguimiento del resultado efectivo del producto vendido.
- Conservar la confianza del cliente.
- Dar continuidad a los consejos después de la venta.
- Cumplir las promesas realizadas y condiciones contratadas.
- Disculparse por los posibles errores cometidos y corregirlos lo antes posible de manera efectiva.
- Llevar a cabo un correcto y eficaz servicio posventa.

Por lo general, los clientes esperan que las empresas realicen el servicio deseado de manera fiable y precisa, de ahí que un adecuado servicio de atención al cliente deba tener las siguientes características:

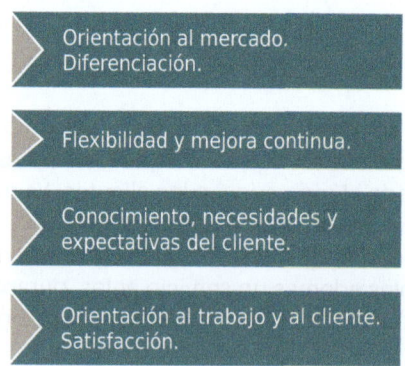

A continuación, se analizarán cada una de ellas de forma más detallada.

Orientación al mercado. Diferenciación

El mercado puede asimilarse con un organismo social compuesto por numerosos personajes, entre los cuales **el cliente es el protagonista.** El mercado se ha vuelto extremadamente competitivo y los bienes y servicios ofertados son cada vez más parecidos entre sí, por lo que la atención al cliente se ha convertido en un elemento fundamental de diferenciación, y debe tener en cuenta tanto al cliente como a la serie de colaboradores que influyen en su conducta de compra: sus familiares y amigos, personas con experiencias o conocimientos del producto que se desea comprar, etc.

Conocimiento, necesidades y expectativas del cliente

El cliente es el desencadenante del éxito o el fracaso de las actividades de cualquier empresa. Por ello, es necesario **conocerlo en profundidad.** Los clientes acuden a un establecimiento determinado con unas necesidades y expectativas concretas sobre lo que desean adquirir, y también esperan recibir el trato adecuado para ello, o lo que es lo mismo, van con una serie de expectativas. Por ello, es necesario que el personal en contacto con dichos clientes **conozca esas necesidades y expectativas** para poder responder adecuadamente al cliente y darles una atención eficiente. El personal que está directamente en contacto con el público debe estar suficientemente capacitado para poder identificar las necesidades de los potenciales clientes y poder ofrecerles así aquellos productos que realmente satisfagan sus necesidades. Dichas necesidades se manifiestan en el mercado en forma de demandas.

Flexibilidad y mejora continua

Las empresas deben estar preparadas para adaptarse a posibles cambios en su sector y las necesidades crecientes de los clientes.

Orientación al trabajo y al cliente. Satisfacción

Una correcta atención al cliente contemplará la **orientación del trabajo hacia el trato y los procedimientos.** De este modo, el cliente se mostrará satisfecho con la compra, al ser la atención que ha recibido y percibido, igual o superior a la atención que realmente esperaba recibir. Dicha satisfacción no solo se consigue mediante el producto o servicio en sí, sino que también juega un papel muy importante la atención al cliente y, por consiguiente, la calidad de servicio.

4.2. Efectos

Es indudable que establecer un servicio adecuado de atención al cliente en la empresa requiere un importante esfuerzo, tanto a nivel económico como personal; sin embargo, los beneficios que reporta este servicio a la empresa hacen que merezca una mención aparte.

En este sentido, entre los beneficios derivados de la buena atención al cliente pueden destacarse el **establecimiento de relaciones duraderas,** el **aumento de la rentabilidad,** la **repetición de visitas,** ya que si el cliente obtiene una buena experiencia de compra, es probable que repita la visita, la **diversificación de la compra** y la **publicidad boca-oreja.** Respecto a este último beneficio, hay que tener en cuenta que una mala opinión de un cliente puede ocasionar la pérdida de un número importante de clientes, tanto reales como potenciales.

 PARA SABER MÁS

Juan Carlos Alcaide, en su obra *Alta Fidelidad*, describe estos beneficios que genera a las empresas el mantenimiento de altos niveles de calidad en la atención al cliente.

https://redirectoronline.com/uf00360102

4.3. Normativa: productos y ámbitos regulados

En la actualidad son muchas las empresas que disponen de una **normativa en materia de atención al cliente.** Lo normal es que esta varíe de una empresa a otra. No obstante, podemos obtener una serie de elementos en común: descripción sobre el servicio de atención al cliente, procedimientos para la presentación, tramitación y resolución de quejas y reclamaciones; informes anuales y deberes de información.

Conviene recordar que la **legislación para la protección del consumidor** trata de salvaguardar los derechos de las personas que como destinatarios finales adquieren, utilizan o disfrutan de bienes muebles o inmuebles, servicios, actividades o funciones. Esta protección se materializa mediante la coordinación e integración de todas las medidas que se desarrollan en los **diferentes niveles de la Administración pública.**

Unión Europea
- La legislación de la Unión Europea en materia de consumo persigue la armonización de las normativas de los diferentes países miembros.

Administraciones del Estado
- En las Administraciones del Estado destaca la Ley General para la Defensa de los Consumidores y Usuarios, junto con otras leyes complementarias.

Administración Autonómica
- En el ámbito de sus competencias la Administración Autonómica también ha desarrollado normativas en materia de protección del consumidor.

Ayuntamientos
- Son muchos los ayuntamientos que han desarrollado su propia normativa a través de las ordenanzas municipales.

5. El *marketing* en la empresa y su relación con el Departamento de Atención al Cliente

En un mercado tan competitivo, donde los productos son cada vez más parecidos y los clientes más exigentes y escasos, las estrategias de *marketing* transaccional han sido reemplazadas por las de *marketing* relacional.

DEFINICIÓN

Marketing transaccional
Proceso de planificación y ejecución del concepto precio, promoción y distribución de ideas, bienes y servicios para la creación de intercambios que satisfagan los objetivos del individuo y de la organización.

Marketing relacional
Tipología de *marketing* que persigue la identificación de los clientes más rentables para establecer con ellos un estrecho vínculo, que permita conocer sus necesidades y mantener una evolución del producto de acuerdo con ellas a lo largo del tiempo.

- -

Las diferencias entre el *marketing* transaccional y el *marketing* relacional son las siguientes:

MARKETING TRANSACCIONAL	**MARKETING RELACIONAL**
Orientado a corto plazo.	Orientado a largo plazo.
Objetivo: conseguir clientes.	Objetivo: atraer, mantener y fidelizar clientes.
Búsqueda de transacciones puntuales.	Desarrollo de una relación continuada con valor para las dos partes.
Escaso contacto con el cliente.	Contacto directo y frecuente con el cliente.
Información limitada de los contactos.	Conocimiento profundo del mercado y de los clientes.
Orientado al producto.	Orientación al cliente.
Filosofía de la rivalidad y conflicto con los proveedores, competidores y distribuidores.	Filosofía de la mutua cooperación entre las organizaciones.
El *marketing* se desarrolla solo en su departamento.	El *marketing* se desarrolla en toda la organización.
Oferta indiferenciada.	Diferenciación de la competencia.
Poco énfasis en el servicio al cliente.	Gran énfasis en el servicio al cliente.
Rol claramente establecido de comprador (pasivo) y vendedor (activo).	Rol de comprador y vendedor borrosos; se crea una comunidad de clientes, prescriptores y/o usuarios.

Tras conocer estas características, se puede deducir que el *marketing* de relaciones no es adecuado para todo tipo de situaciones y clientes. De hecho, mientras el **marketing de transacciones** es más adecuado para clientes que tienen un corto horizonte temporal y con poco margen en la operación, el **marketing de relaciones** es más apropiado cuando la empresa trata con pocos clientes que aportan mucho margen.

5.1. *Marketing* relacional

Tal como indica su propio nombre, el *marketing* relacional persigue instaurar, mejorar, fortalecer y mantener las relaciones de las empresas comercializadoras de bienes y servicios con sus clientes, tratando de lograr así el mayor número de negocios posibles con cada uno de ellos.

La **finalidad** del *marketing* relacional es la de identificar a los clientes más rentables para establecer con ellos un estrecho vínculo, que permita conocer sus necesidades y mantener una evolución del producto de acuerdo con ellas a lo largo del tiempo. Así, la **individualización** se convierte en la principal característica del *marketing* relacional, es decir, cada cliente es único y se pretende que el cliente así lo perciba.

Para esta modalidad del *marketing,* la relación es más que una suma de transacciones, es un **vínculo que une a empresa y cliente.** Esta se basa en dos pilares básicos:

Información del cliente lo más precisa, fidedigna y adecuada posible	La comunicación bidireccional, frecuente, continuada e interactiva
- La empresa comercializadora debe poseer un retrato lo más real posible de sus consumidores, tanto reales (los que compran el producto) como potenciales (los que se desea que lo compren). Muchas empresas tienen una idea bastante equivocada de quiénes son sus clientes, no los tienen bien identificados. Ese es un gran fallo en la estrategia de *marketing,* pues hace que el mensaje no se adecúe correctamente.	- Es muy importante la participación de los clientes, su voz, para saber cuáles son sus opiniones y actitudes. Así, se consigue fortalecer y estrechar la relación, con el objetivo de hacerla perdurar en el tiempo.

Partiendo de esto, la empresa que desee implantar esta modalidad de *marketing* debe conocer el método de aplicación y sus etapas.

Aplicación del *marketing* relacional

Los tres pasos fundamentales del *marketing* relacional son:

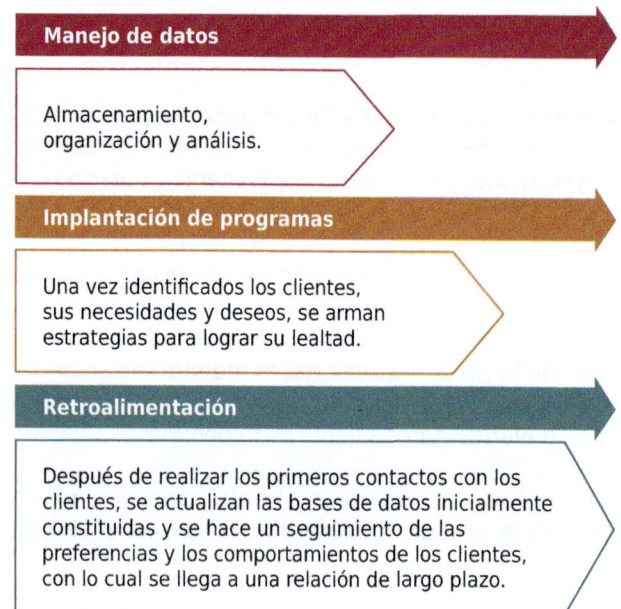

Manejo de datos

Almacenamiento, organización y análisis.

Implantación de programas

Una vez identificados los clientes, sus necesidades y deseos, se arman estrategias para lograr su lealtad.

Retroalimentación

Después de realizar los primeros contactos con los clientes, se actualizan las bases de datos inicialmente constituidas y se hace un seguimiento de las preferencias y los comportamientos de los clientes, con lo cual se llega a una relación de largo plazo.

Etapas del *marketing* relacional

Según el profesor Lluís G. Renart del IESE Business School, el *marketing* relacional se compone de **ocho etapas:** las cuatro primeras son comunes al *marketing* transaccional; en cambio, las siguientes sí son propias de la orientación relacional de una estrategia de negocio.

Las etapas del *marketing* relacional son:

1. Identificar
2. Informar y atraer
3. Vender
4. Servir
5. Satisfacer

6. Fidelizar
7. Desarrollar
8. Crear comunidad de usuarios

 EJEMPLO

El *marketing* relacional en el mundo de las impresoras

En el programa relacional *Designjet Online* (DOL) de Hewlett-Packard, HP tiene en cuenta tanto el ciclo de la gestión de relaciones con los clientes y de sus productos como el ciclo de los usuarios: insatisfacción, búsqueda de información, preferencias, decisión y compra.

Gracias a DOL, HP calcula que el 45 % de los problemas técnicos de las impresoras los arreglan los mismos usuarios. Sin duda, esto ha mejorado la satisfacción de los clientes.

Por otro lado, los programas de *marketing* relacional fomentan la aparición de círculos virtuosos. Así, si se utiliza la información obtenida para mejorar los productos, los usuarios valorarán la inclusión de sus sugerencias, sintiéndose más proclives a suministrar información; de esta forma, cuantos más datos se obtengan del cliente, más fácil será personalizar las ofertas.

5.2. Relaciones con los clientes

En cada sector de negocios, el cliente es y será siempre el **socio más importante de la empresa,** tanto que el éxito comercial a largo plazo solo es posible si el cliente está conforme y esta satisfacción únicamente puede provenir de un esfuerzo coordinado para desarrollar y cultivar buenas relaciones con el mismo.

El servicio al cliente se ha concebido tradicionalmente desde un ángulo muy cerrado. Esta perspectiva tan restringida se centra, sobre todo, en los **aspectos relacionados con la logística y la distribución;** no obstante, con el tiempo ha surgido una nueva visión del servicio a la clientela, que plantea un contexto más amplio, con diferentes enfoques multidimensionales que inciden en las relaciones establecidas con grupos objetivos específicos.

Vinculación entre *marketing,* servicio al cliente y calidad

El siguiente esquema ilustra la relación existente entre **marketing, servicio al cliente y calidad,** que será explotada eficazmente si se desea alcanzar la satisfacción total de los clientes y el mantenimiento de las relaciones a largo plazo.

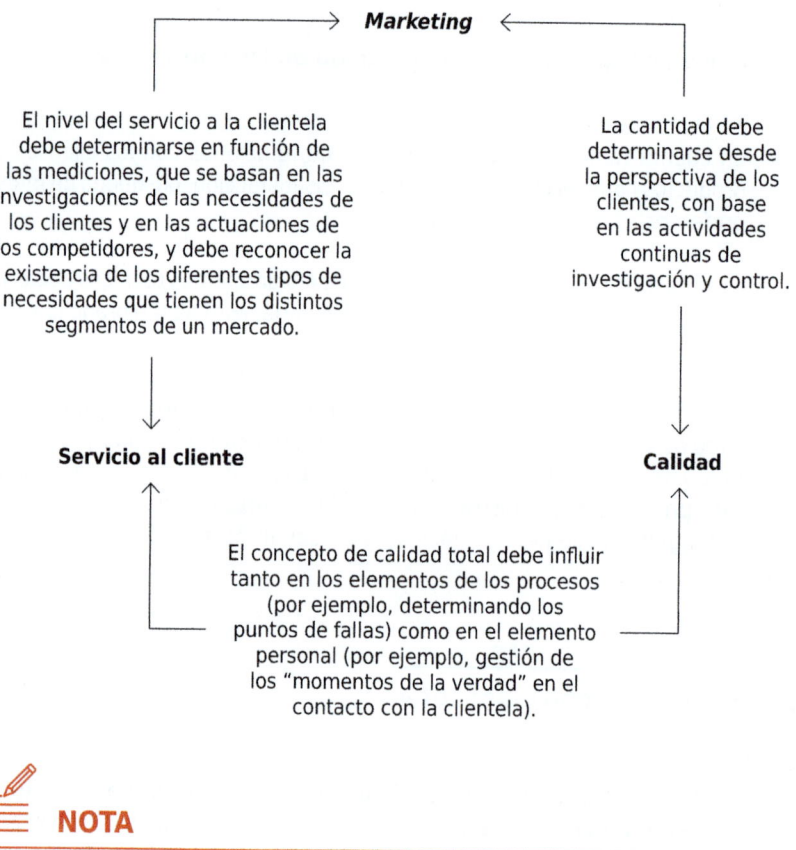

Marketing

El nivel del servicio a la clientela debe determinarse en función de las mediciones, que se basan en las investigaciones de las necesidades de los clientes y en las actuaciones de los competidores, y debe reconocer la existencia de los diferentes tipos de necesidades que tienen los distintos segmentos de un mercado.

La cantidad debe determinarse desde la perspectiva de los clientes, con base en las actividades continuas de investigación y control.

Servicio al cliente

Calidad

El concepto de calidad total debe influir tanto en los elementos de los procesos (por ejemplo, determinando los puntos de fallas) como en el elemento personal (por ejemplo, gestión de los "momentos de la verdad" en el contacto con la clientela).

NOTA

Actualmente la calidad, el *marketing* y el servicio al cliente se coordinan y reflejan claramente en la actividad de la empresa en las redes sociales y la web 2.0.

El reto que debe superar toda organización es el de alinear muy estrecha-mente estas tres áreas; sin embargo, años atrás han sido consideradas y tratadas como elementos aislados y no relacionados entre sí. Debido a esta falta de alineación, el concepto de *marketing* relacional ha nacido como el nuevo punto focal que integra el **servicio al cliente y la calidad** con la orientación al *marketing*.

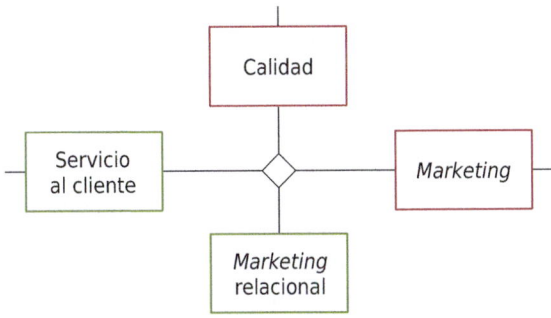

 **IMPORTANTE**

El servicio al cliente y la calidad resultan clave en las relaciones de intercambio que surgen entre la organización y sus clientes.

Por ello, es fundamental saber gestionar las relaciones con los clientes, como se verá a continuación.

Gestión de las relaciones con los clientes

Hoy en día, las empresas deben estar totalmente orientadas al cliente, por lo que la **gestión de las relaciones con los clientes** representa un área clave y crítica para la competitividad de la empresa.

Dentro del amplio espectro de la gestión de las relaciones con los clientes, una parte importante es la comunicación y la interacción con ellos. Es precisamente ahí donde las nuevas tecnologías pueden ofrecer ventajas competitivas para lograr una diferenciación con la competencia.

 **DEFINICIÓN**

CRM

Conjunto de estrategias de negocio, *marketing*, comunicación e infraestructuras tecnológicas, diseñadas con el fin de construir una relación duradera con los clientes, identificando, comprendiendo y satisfaciendo sus necesidades.

- -

La **finalidad del CRM** *(Customer Relationship Management)* consiste en atraer y retener a los clientes de la forma más exitosa posible a través de un proceso lógico soportado por la tecnología de la información; de esta forma, la organización puede centrar su atención en el cliente para interactuar más efectivamente con él, identificar su importancia, retenerlo y evitar que se vaya con la competencia.

En este sentido, para el desarrollo correcto de una **estrategia de CRM** es necesario poner en funcionamiento cuatro engranajes básicos:

Aunque el área de *marketing* y gestión comercial es la que mayores beneficios obtiene de la aplicación del CRM, la **repercusión de esta herramienta** se hace extensible a las demás áreas de la empresa, aportando las siguientes mejoras:

- Identificación precisa de los clientes.
- Relación de todos los contactos con los clientes.

- Gestión de las agendas de los comerciales.
- Descubrimiento de las posibles oportunidades de negocio.
- Obtención de las previsiones de ventas de manera sencilla.
- Conocimiento de la estructura de los costes del área comercial.
- Integración de los pedidos y contactos a través del sitio web.

5.3. Canales de comunicación con el cliente

 HILO CONDUCTOR

Aunque el canal que más utiliza es el teléfono, Sara se ve obligada a utilizar a diario otros muchos canales de comunicación *(e-mail,* chat, mensajería, etc.), lo cual hace que tenga que prestar especial cuidado a la hora de mantener una conversación o redactar un escrito, ya que sin darse cuenta puede llegar a interrumpir el proceso de atención abierto con el cliente.

Normalmente, las empresas ponen a disposición de sus clientes diferentes canales a través de los cuales se propicia la comunicación, que puede ser iniciada por cualquiera de ambas partes. La variedad de canales dependerá del **tamaño y área de la empresa u organización,** aunque hoy en día resulta muy sencillo acceder a la mayoría de ellos.

 DEFINICIÓN

Canal
Medio de transmisión por el cual viajan las señales portadoras de la información emitida, tanto por el emisor como por el receptor.

Todos y cada uno de estos canales de comunicación tienen sus propias características, por lo que resulta conveniente conocerlas para sacar de ellos el máximo provecho:

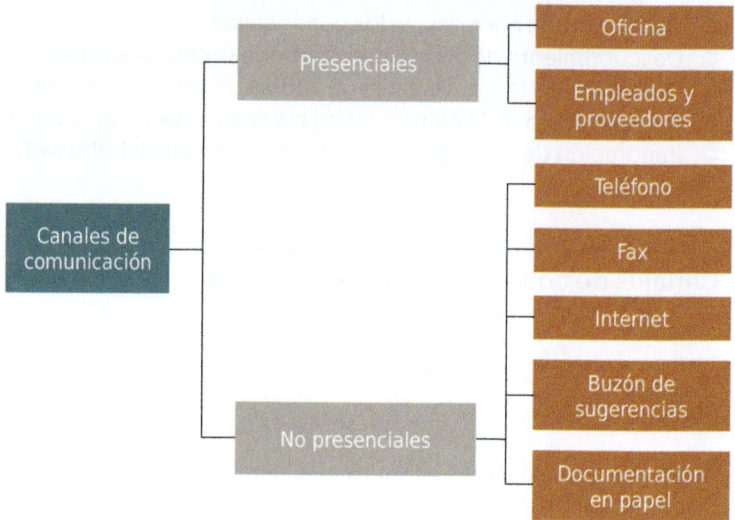

A continuación, se analizarán las características de cada uno de estos canales de comunicación.

Oficina

Normalmente, la empresa que ofrece atención personal cuenta con un espacio físico disponible para que sus empleados conversen y cierren una operación con los distintos clientes. Este espacio supone un excelente canal de comunicación sobre los productos y/o servicios de la empresa.

Empleados y proveedores

A los canales que consideramos como tradicionales hay que sumar a los empleados y proveedores como canales de contacto con los clientes, ya que muchos de los clientes están en contacto con ellos. Es por ello que el cuidado de este público interno resulta necesario para la difusión de una imagen positiva de la empresa u organización.

Teléfono

El teléfono es una herramienta muy útil por su potencialidad de contacto y ahorro de tiempo y desplazamientos. En caso de que los teléfonos de la empresa sean atendidos por una máquina automática que recibe las llamadas y las deriva, el mensaje de esa operadora debe estar correctamente formulado para que capte la atención del cliente mientras este espera a ser derivado.

Fax

Cuando el cliente se ponga en contacto con la empresa para conocer el número de fax, se le facilitará dicho número, así como el nombre de la persona hacia la que debe ir dirigida esa comunicación. La inclusión del cargo dará la sensación de que hasta la más pequeña queja será tratada convenientemente.

Internet

La red ofrece múltiples ventajas a los clientes como, por ejemplo, la fácil accesibilidad o el bajo coste de mantenimiento. Como canal contiene, a su vez, dos grandes canales de comunicación: la página web y el *e-mail* o correo electrónico, cada uno de los cuales tiene unas características propias, reglas y códigos de lenguaje, modos de presentación gráfica diferentes y una llegada distinta al usuario.

Web de la empresa	Correo electrónico
- La web de la empresa constituye en sí un modo de presentación, dejando la iniciativa de contacto al cliente potencial, es decir, se espera que sea él quien se aproxime. Pero lo que resulta enormemente interesante es utilizar la web como un centro operativo u oficina virtual desde la que pueden realizarse operaciones de gestión de distintas áreas de la empresa.	- El *e-mail* o correo electrónico funciona como un sistema de correspondencia a altísima velocidad, con la ventaja añadida de que resulta un medio de comunicación bastante económico, facilitándole a la empresa llegar al cliente de una manera más directa y personal. Además, una vez que se establece el primer contacto, la empresa tiene más oportunidades de dirigirse hacia el cliente potencial en lugar de esperar a que él vuelva, como ocurre con la página web.

Buzón de sugerencias

Una buena opción para mejorar la comunicación consiste en la **colocación de un buzón de sugerencias;** de este modo, el cliente podrá dejar mensajes, sugerencias o contestar un breve cuestionario de intereses de gran utilidad.

Documentación en papel

Cualquier profesional que interactúe con el cliente debe tener a mano los **formularios pertinentes** de reclamación, sugerencia, inscripción, solicitud, etc., los cuales estarán siempre disponibles en las oficinas.

 PARA SABER MÁS

Escanea el siguiente código para conocer algunas de las variables que determinan la calidad en la atención telefónica:

https://redirectoronline.com/uf00360103

Las relaciones que se producen entre los miembros de una empresa constituyen un proceso comunicacional. A través de este proceso se emite y se obtiene información, se transmiten modelos de conducta y se enseñan metodologías de pensamiento.

 TAREA 3

A partir de la disposición que presentan las líneas y áreas funcionales del organigrama del concesionario que aparece a continuación, identifica los posibles procedimientos de transmisión de información entre los distintos departamentos del mismo.

Continúa en página siguiente >>

<< *Viene de página anterior*

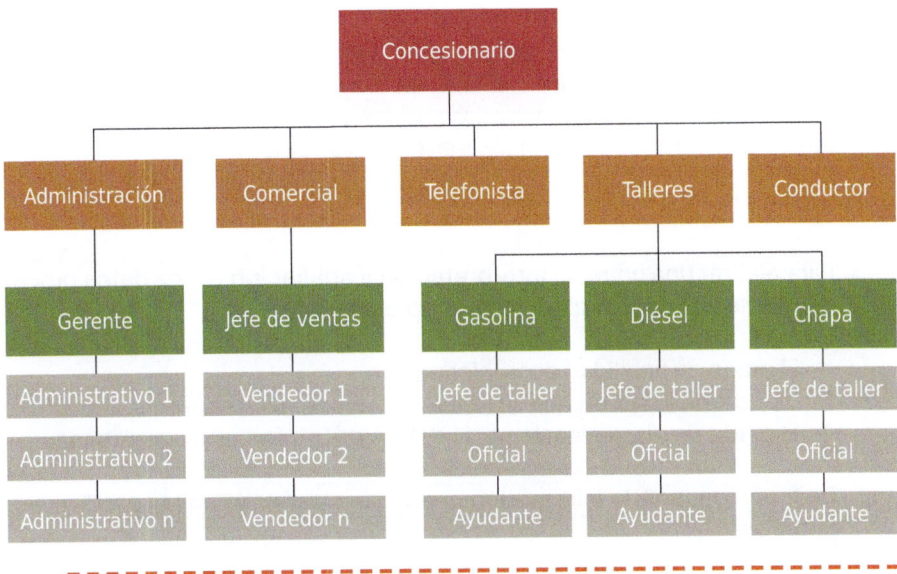

5.4. Obtención y recogida de información del cliente

Para la **búsqueda de información** es necesario plantearse de **dónde puede obtenerse, con qué medios se cuenta y cómo se obtendrá;** de esta forma, dentro del proceso de búsqueda de información se pueden distinguir varias etapas:

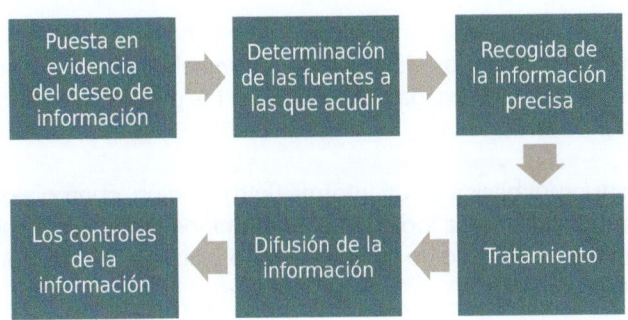

DEFINICIÓN

Fuentes de información

Son aquellas personas u organizaciones de las que se obtienen los datos que posteriormente serán objeto de análisis en el proceso de la investigación comercial.

- -

Para realizar una correcta **interpretación y aplicación de los datos** procedentes de una información debe comprobarse:

- ➲ El grado de fiabilidad de la información.
- ➲ La periodicidad con que se renueva la información utilizada.
- ➲ El grado de discriminación o de detalle de la información registrada.

De forma general, la información puede ser clasificada en base a diversos **criterios:**

TIPOS DE FUENTES	
Según el grado de elaboración o especialidad	Primaria
	Secundaria
Según la disponibilidad	Interna
	Externa
Según la naturaleza de la información	Cuantitativa
	Cualitativa

Antes de abordar los sistemas de información, es conveniente poner en evidencia una adecuada coherencia en los procesos de información de la toma de decisiones.

La estructura básica de un informe (introducción, cuerpo y desenlace) presenta una secuencia lógica que, en términos generales, explica de qué se trata, qué se hizo, cómo se llevó a cabo y cuáles son las conclusiones del mismo.

A continuación, se profundizará en cada tipo de fuente en base a los criterios en los que se puede clasificar.

Fuentes de información en función de su grado de elaboración

Según su grado de elaboración, las fuentes de información pueden ser primarias y secundarias.

Fuentes de información primarias

Son las que generan datos primarios, es decir, aquellos que se obtienen de modo específico para la investigación que se va a llevar a cabo. Se crean en el momento de realizar una investigación ante la inexistencia de información previa que sirva para alcanzar los objetivos que se persiguen.

 **EJEMPLO**

Encuestas telefónicas, observación, experimentación, paneles, etc.

Fuentes de información secundarias

Son las que contienen datos secundarios ya disponibles, pues se habían obtenido en estudios anteriores y sirven para los fines de la investigación que se va a realizar.

Así, la **información secundaria** es aquella que ya existe en algún lugar y se recolectó para otro propósito. Por lo general, este tipo de información es menos costosa que la primaria y, en ocasiones, basta con la revisión de internet o con una visita a la biblioteca local. Suelen ser datos históricos ya organizados.

 **EJEMPLO**

Páginas web, informes, publicaciones, etc.

Para acceder a esta información no es preciso acudir a las fuentes originales. Por esta razón es preciso utilizar datos secundarios antes de llevar a cabo búsquedas de datos primarios, pero **debe verificarse la calidad, precisión y prestigio del origen,** realizando una valoración de los datos centrada en el propósito de la investigación original en la que se obtuvieron los datos, quién los recogió y cómo los trató.

Al hilo de lo anterior, para **determinar la fiabilidad de los datos** se debe dar respuesta a las siguientes preguntas:

- **¿Quién?:** con esta pregunta nos cuestionamos el origen de la información que vamos a utilizar. La veracidad de los datos depende, en gran medida, de la seriedad y la profesionalidad de la institución de la que provienen.
- **¿Por qué?:** con ello nos preguntamos acerca de la razón que impulsa a las instituciones a elaborar la información. Los datos recogidos para ampliar los intereses de un grupo particular son especialmente poco fiables.
- **¿Cómo?:** es imposible evaluar la calidad de los datos secundarios sin un conocimiento de la metodología usada para recopilar estos datos.
- **¿Qué?:** aun siendo los datos disponibles de buena calidad, puede que resulten difíciles de usar o inadecuados para la necesidad de la empresa.
- **¿Cuándo?:** se refiere al período de tiempo transcurrido entre el momento de la recogida de datos y la publicación de los resultados. Cuanto mayor sea la duración, menor será la fiabilidad de los resultados.

Cada tipo de fuente tiene sus ventajas e inconvenientes, por lo que hay que analizarlos en cada caso y decidir cuál de ellas se adapta más al propósito de la investigación.

	Ventajas	Inconvenientes
Datos primarios	Se adaptan a los propósitos de la investigación.	Mayor coste.
	Es calculable su grado de exactitud.	Mayor dificultad de obtenerlos.
Datos secundarios	Menor coste.	Dificultad de encontrar datos secundarios que se ajusten a las necesidades del estudio.
	Mayor rapidez.	Dificultad de conocer su exactitud.

IMPORTANTE

Es aconsejable acudir a datos primarios una vez agotadas las fuentes de datos secundarios o en el supuesto de que estos no existan o resulten insuficientes.

Fuentes de información en función de su disponibilidad

Según su disponibilidad, las fuentes de información, tanto primarias como secundarias, pueden ser internas o externas.

Fuentes de información internas

Las **fuentes de información primaria** pueden clasificarse como internas, cuando la información se obtiene a partir de datos de la propia empresa.

 **EJEMPLO**

Circulares, bases de datos, directorios, etc.

Los **datos secundarios de fuentes internas** son datos que se localizan en la empresa.

 **EJEMPLO**

Informes y memorias de departamentos, datos contables, datos de ventas o las quejas y sugerencias de los clientes.

De los **registros internos de contabilidad y control de las empresas,** se pueden obtener para la investigación comercial datos referidos a los precios, volumen de ventas por artículos, actividades de *marketing* realizadas, resultados de ventas, necesidades de clientes, situación financiera, etc.

 **NOTA**

Las ventajas fundamentales del uso de datos secundarios internos son principalmente su disponibilidad y accesibilidad continua.

Fuentes de información externas

Las **fuentes de información primaria** pueden clasificarse como externas cuando los datos proceden del entorno empresarial. Por su parte, las **fuentes externas de datos secundarios** pueden ser públicas o privadas.

ACTIVIDAD COMPLEMENTARIA

2. Busca información sobre las fuentes de información secundarias y localiza un informe de la Administración en el que se recojan los datos relativos al uso de los teléfonos móviles por parte de los adolescentes españoles.

Fuentes de información en función de la naturaleza de la información

Otro aspecto a considerar es la **naturaleza cuantitativa y cualitativa** de los estudios. La primera está principalmente orientada hacia los estudios que exponen solo clasificaciones de datos y descripciones de la realidad social; recoge, procesa y analiza datos cuantitativos o numéricos sobre las variables determinadas con anterioridad.

La **información cualitativa** no describe los hechos, sino que trata de comprenderlos mediante un análisis exhaustivo y diverso de los datos, mostrando siempre un carácter creativo y dinámico.

Las características de estos **métodos** y las **técnicas** que utilizan cada uno de ellos son las siguientes:

Información cuantitativa	Información cualitativa
Responden a un enfoque estructurado y aportan unos resultados estadísticos representativos y generalizables.	No suelen ser susceptibles de tratamiento estadístico ni representativas de la población, aunque describen los hechos con datos más ricos que las técnicas cuantitativas.
Se apoyan en muestras estadísticamente representativas y, utilizando números, permiten clasificarlos, relacionarlos y compararlos entre sí. No por ello, la información contenida se transforma en objetiva, exacta y fiable como los números que la designan.	Se basan en datos de naturaleza explicativa más que numérica.

Continúa en página siguiente >>

<< Viene de página anterior

Información cuantitativa	Información cualitativa
La dimensión de lo emocional que, sin duda, es un condicionante fundamental en la mayoría de las decisiones comerciales, suele ser un punto ciego de las investigaciones cuantitativas.	El análisis cualitativo es de gran utilidad como frase previa al análisis cuantitativo, para definir las variables más significativas de la investigación.

Principales técnicas cuantitativas para obtener información primaria:
 	
- Estudio longitudinal o periódico:
 	
  - Encuestas *ad hoc*
  - El método Delphi
  - Encuestas ómnibus
  - Experimentación
  - Observación
 	
- Estudio transversal o instantáneo
 	
  - Paneles de consumidores
  - Paneles de establecimientos
  - Paneles de audiencias
	Principales técnicas cualitativas para obtener información primaria:
	
	- Entrevista en profundidad
	- Reuniones de grupo
	- Técnicas proyectivas

Para la obtención de los datos primarios se utilizan principalmente dos formas: la **comunicación** y la **observación.**

Comunicación

Una de las formas más utilizadas para obtener datos primarios es la comunicación, entendida como una serie de respuestas facilitadas por un conjunto de personas a las consultas que formula el investigador.

Algunas de las **técnicas** más relevantes a través de las que obtener información primaria mediante la comunicación son:

- ◗ **Encuesta:** consiste en la recogida de información, tanto cuantitativa como cualitativa, a través de una serie de contestaciones que un conjunto de individuos seleccionados dan a un conjunto de cuestiones previamente diseñadas. Las preguntas se diseñan de tal forma que permiten la cuantificación de las respuestas. Se realiza mediante cuestionarios estructurados.

- ◗ **Estudio o encuesta ómnibus:** es un tipo de encuesta normalmente periódica, cuyo cuestionario incluye preguntas de diversa índole que proceden de diversas empresas. Estas empresas interesadas en obtener información sobre sus productos y otras cuestiones comparten los costes de la realización del estudio. Se realiza mediante cuestionarios estructurados, recogiéndose información tanto cuantitativa como cualitativa.

- **Paneles de consumidores:** técnica para conseguir periódicamente información cuantitativa de una muestra permanente. Sirven para medir el consumo de determinados productos y los hábitos de compra, así como la evolución en el tiempo de las variables. Se realiza mediante cuestionarios estructurados.

- **Entrevista en profundidad:** técnica para recoger información cualitativa. El entrevistado habla claramente bajo las instrucciones de un investigador, que intenta descubrir motivaciones, creencias, actitudes y sentimientos del entrevistado sobre una cuestión en particular. Se realiza mediante cuestionarios no estructurados.

- **Grupo de discusión:** técnica para recoger información cualitativa, que consiste en reunir a un grupo de personas (entre seis y doce) para, bajo la dirección de un moderador, tratar de discutir el tema objeto de la investigación comercial. Se realiza mediante cuestionarios no estructurados.

Asimismo, existen diferentes tipos de investigación comercial, cada uno de los cuales utiliza métodos de recogida de información primaria.

Tipo de investigación comercial que utiliza cada uno de los métodos de recogida de información primaria

	Investigación exploratoria	Investigación descriptiva	Investigación causal
Encuesta		*	*
Estudio ómnibus		*	
Entrevistas en profundidad	*		
Grupos de discusión	*		
Paneles de consumidores		*	

Observación

Otra de las formas que se utilizan para obtener información primaria es la observación, entendida como un conjunto de técnicas que facilitan la toma de decisiones a través del cual se logra información precisa sobre personas o situaciones, sin que los sujetos investigados se percaten de que están ofreciendo datos que configuran sus conductas o comportamientos actuales. Algunos de los **métodos de observación** que sirven para complementar a la observación humana e, incluso, superar deficiencias particulares de esta son:

- ➲ Contador
- ➲ Tacómetro
- ➲ Audímetro
- ➲ Cámara
- ➲ Televisión
- ➲ Magnetofón
- ➲ Radar
- ➲ Rayos láser
- ➲ Ordenador

Al seleccionar este método para la obtención de datos, deberán tenerse en cuenta sus posibles **ventajas e inconvenientes:**

Ventajas ✔	Inconvenientes ✘
- Nos proporciona una información de primera calidad, pues se garantiza la espontaneidad y la sinceridad, ya que se puede realizar a través de tecnologías que permiten observar sin ser observado. - Objetividad, por la imposibilidad de manipular el hecho observado.	- No pueden observar motivos, actitudes o intenciones, lo cual reduce su utilidad de diagnóstico. - Mayor inversión económica y de tiempo.

TAREA 4

María Lara es una mujer activa, atlética e independiente a la que le gusta hacer deporte, escuchar música y los artículos (zapatillas, vestimenta, accesorios, etc.) de color rosa en todas sus tonalidades. Su fecha de nacimiento es el 20 de octubre de 1995. Su correo electrónico es maria_lara@lsport.com y lo consulta a diario; es su forma de contacto preferida. Además, es fiel seguidora de la

Continúa en página siguiente >>

<< Viene de página anterior

mayoría de las tiendas especializadas en ropa deportiva a través de las redes sociales. Le gusta que el personal del establecimiento le aconseje cuando va a comprar algún producto. Siempre paga con tarjeta de débito Visa Electrón. En los seis meses que van de año ha comprado productos por valor de 236 € en la misma tienda.

Sabiendo todo esto, analiza y sintetiza la información suministrada por la clienta y confecciona un informe de acuerdo a una estructura definida, de manera que la presentación sea clara, concisa y ordenada en su exposición.

---

6. Variables que influyen en la atención al cliente

Está más que constatado que el éxito de cualquier empresa radica, en gran parte, en la capacidad de formar una asociación entre los clientes y ella, para lo cual es necesario mantener una comunicación constante y saber distinguir. Así, existen una serie de variables estrechamente relacionadas con los procesos de venta que influyen en la calidad de la atención al cliente. Estas variables son:

6.1. Imagen

Hoy en día **ya no es suficiente con vender servicios o productos,** sino que también es necesario comunicarlos y establecer imágenes positivas permanentes de la empresa creadora. Por ello, resulta de vital importancia la formación de una identificación propia que se traduzca en única, homogénea y global: **la marca;** de esta forma, podrá diferenciarse de otros atributos como seguridad, confianza, esfuerzo, riqueza, naturaleza, eficacia, solidez, exclusividad, tecnología, interculturalidad, etc.

Sin esa imagen o reconocimiento de los productos o servicios, no habría ni una sola empresa que fuera conocida en la actualidad.

 **DEFINICIÓN**

Imagen

Se trata de algo intangible que sirve para que una determinada empresa comunique su cultura empresarial y cree una determinada marca, logotipo e identidad corporativa, que la hará ser conocida, admirada, consultada, utilizada y tenida en cuenta a partir de ese momento por la sociedad a la que se dirige.

Asimismo, se puede deducir que esa imagen global es el resultado de una política integrada y una gestión eficaz de todos los procedimientos, medios y oportunidades de comunicación, es decir, una comunicación basada en la suma de la marca y la identidad corporativa.

Diferencia entre marca e imagen de marca

La **marca** es un signo de naturaleza verbal o gráfica, mientras que la **imagen de marca** se transmite a través de la publicidad y la presentación de los productos.

Por un lado, la imagen de marca proporciona popularidad e incrementa la competitividad de la empresa y los productos de esta; por otro, la marca constituye el centro en torno al cual se forja y desarrolla esta imagen, que normalmente se crea por acumulación de todas las manifestaciones de la empresa.

Se puede decir que la imagen de marca es el resultado del modo en que la marca es percibida. Es una representación mental de los atributos y beneficios percibidos de la marca.

Además, la percepción de las marcas está relacionada con los procesos mentales y la personalidad del consumidor, puesto que la información recibida sobre las marcas es procesada por las mentes de los consumidores; sin embargo, hay que aclarar que cada individuo interpretará esas comunicaciones recibidas de una forma determinada, según su personalidad.

En el siguiente esquema se muestran, de manera sintética, los **componentes de la imagen de marca:**

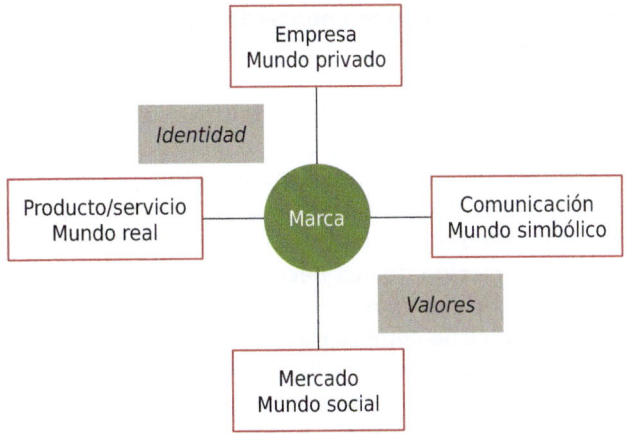

La imagen de marca está intrínsecamente vinculada a la filosofía y ambiente de la empresa, al producto o servicio que ofrece, al entorno y sociedad en la que se desarrolla y a la forma de comunicar lo anterior con este entorno.

6.2. Posicionamiento

Tras la segmentación del mercado, las empresas deben decidir qué mercado atender y posicionarse dentro de él para que los consumidores logren identificar y diferenciar la oferta de su producto de las de los demás.

En la actualidad, la mayoría de las empresas son conscientes de que en un entorno de excesiva competencia y economía globalizada como en el que vivimos, lo fundamental es saber diferenciarse de los demás.

APLICACIÓN PRÁCTICA

A partir de los siguientes enunciados, determina cuál de ellos representa un aspecto básico del posicionamiento:

a. El posicionamiento se refiere tanto al producto como al modo en que se ubica su nombre en la mente de los consumidores.
b. El posicionamiento tiende a situar la imagen de un determinado producto en un lugar tal que aparezca ante los usuarios o consumidores como que reúne las mejores características y atributos en la satisfacción de sus necesidades.
c. La importancia del posicionamiento y la fuerza que ejerce sobre las decisiones de compra no justifican que las grandes empresas inviertan tantos millones en posicionar sus productos.
d. El posicionamiento de un producto aparece integrado en el plan de publicidad y relaciones públicas de una empresa.

Solución

Hoy en día se habla de posicionamiento en múltiples situaciones; sin embargo, lo más correcto es entenderlo como una asociación fuerte y única entre un producto y una serie de atributos.

- -

En este sentido, el posicionamiento se define como la consecución de una posición favorable en la mente de los clientes.

DEFINICIÓN

Posicionamiento

Es el lugar que posee una marca en la percepción mental de un cliente o consumidor, lo que constituye la principal diferencia existente entre esta y su competencia, aunque también puede entenderse como la capacidad del producto de alienar al consumidor.

- -

Una marca puede compartir factores o atributos de imagen con otras marcas, pero su posicionamiento en la mente del consumidor siempre será diferente de esas otras marcas.

La única forma de vender nuestro servicio es enfocar nuestro esfuerzo en ganar una posición rentable y sostenible en la mente del cliente. Para ello, se emplean estrategias y técnicas basadas en la planificación y la comunicación de diferentes estímulos para la **construcción de la imagen e identidad deseada** de la marca a instaurar en la mente del consumidor.

Algunas de las **estrategias de posicionamiento genéricas** que se utilizan son:

1. **Posicionamiento centrado en el consumidor.** Se trata de relacionar el producto con las características insinuadas por su imagen; de esta manera, el producto se adapta al segmento al cual va dirigido.

 EJEMPLO

La crema corporal hidratante de *Dove* se posiciona como un producto real para mujeres reales, o el tratamiento para la caída del pelo de **Pilexil,** con su eslogan "Lo notas, lo notan".

© *Fotografía: DOVE / www.dove.com/es*

2. **Posicionamiento en relación a la competencia.** En este caso, se pone el acento en las ventajas que presenta el producto (precio, calidad, servicio, etc.) respecto de los competidores.

 **EJEMPLO**

Media Markt se ha posicionado como una de las empresas de venta de artículos electrónicos que mayor hincapié ha hecho en lo que al precio de sus productos se refiere. Con su eslogan "Yo no soy tonto", viene haciendo referencia implícita a la diferencia de precios respecto a la competencia.

© *Fotografía: MediaMarkt / www.mediamarkt.es*

3. **Posicionamiento social de la empresa.** La empresa tiene en cuenta las nuevas corrientes del mercado (consumismo y ecología) para el diseño o la promoción de sus productos, con el objetivo de proporcionar una imagen de respeto al medioambiente y a los valores sociales.

 **EJEMPLO**

El Grupo *Caixabank* ha impulsado una obra social en la que se trabaja para "conseguir una sociedad con más oportunidades, impulsando iniciativas sociales, invirtiendo en investigación y educación, y difundiendo cultura y ciencia". Y todo, para seguir ayudando a los que más lo necesitan.

Atendiendo a la **estrategia de posicionamiento** como un proceso que tiene por objetivo llevar la marca, empresa o producto desde su imagen actual a la imagen deseada, es posible encontrar diferentes tipos de estrategias:

- **Posicionamiento por símbolos culturales:** asocia creencias o valores sociales a ciertas marcas que irán principalmente dirigidas a un segmento de la población sensible a ellas.
- **Posicionamiento basado en la distribución:** la distribución puede ser exclusiva, selectiva, extensiva o intensiva.
- **Posicionamiento basado en la relación calidad-precio:** algunas compañías se apoyan especialmente en estas cualidades.
- **Posicionamiento sobre las características del producto:** asocia la marca con una serie de atributos que pueden ser características físicas o beneficios que reporte.
- **Posicionamiento según las características del usuario:** adapta el producto a las necesidades o deseos de un determinado segmento de consumidores.
- **Posicionamiento en función de los huecos del mercado:** una empresa puede descubrir una necesidad no satisfecha y atenderla.

6.3. Relaciones públicas

Las relaciones públicas son una estrategia de comunicación que, mediante un proceso muy bien planificado, se utiliza para **gestionar la comunicación entre las empresas y el público.**

 **DEFINICIÓN**

Relaciones públicas
Acciones que persiguen construir buenas relaciones con los consumidores a partir de una publicidad favorable, la creación de una buena imagen corporativa y evitando rumores, artículos periodísticos o acontecimientos desfavorables, o haciendo frente a los mismos, si llegan a tener lugar.

Se pueden distinguir diferentes **tipos de público** al que van dirigidas estas acciones:

Interno	Externo	Mixto
- Con él se genera una relación muy estrecha con el fin común de la organización. - Ejemplo: empleados, directivos o accionistas mayoritarios.	- No tiene relación directa con la organización. - Ejemplo: entidades económicas, financieras, autoridades gubernamentales o competidores.	- Ocupa una posición intermedia entre los públicos interno y externo.

La comunicación de las relaciones públicas

La comunicación representa la única forma de la que disponemos las personas para relacionarnos. Por lo tanto, no pueden existir buenas relaciones públicas si no existen buenas comunicaciones.

Los principales **objetivos de las relaciones públicas** son los siguientes:

- Alcanzar una opinión positiva y favorable de la imagen institucional de la empresa o de una persona.
- Establecer un nexo más estrecho entre las marcas y sus clientes o consumidores.
- Ayudar a prevenir o solucionar las situaciones de crisis, tanto de la empresa como de la marca.
- Obtener un público favorable para que así las marcas ganen dinero.
- Gestionar la imagen institucional de la compañía o empresa.
- Desarrollar estrategias que ayuden a construir una marca.

Para que las **relaciones públicas resulten verdaderamente comunicativas** deben tenerse en cuenta los siguientes factores:

Diálogo permanente
- La comunicación de relaciones públicas debe ser bilateral, a diferencia de otros tipos de comunicaciones de la empresa.

Líderes de opinión
- Son aquellas personas que influyen sobre el modo de pensar y de actuar de los miembros de su grupo.

Comunicaciones discriminadas o personalizadas
- Las relaciones públicas deben adaptar el mensaje de la organización al público al que se dirigen.

El mensaje personal
- El mensaje de relaciones públicas tiene como destinatario a una persona o grupo muy reducido de personas a quienes se hace llegar el mensaje directamente.

El mensaje personalizado
- El mensaje de relaciones públicas, en ocasiones, puede ir destinado a un gran número de personas que constituyen un público.

 TAREA 5

En un mundo tan competitivo como el actual, resulta de suma importancia que las empresas se preocupen por la percepción que los diferentes públicos tienen de sus organizaciones. Hoy en día, la imagen que transmite una empresa es un elemento diferenciador de la competencia, que permite a las compañías posicionarse en la mente de los clientes.

Tal es el caso de dos referencias líderes en el sector del mueble en nuestro país como son IKEA y Merkamueble. La primera es una corporación multinacional de origen sueco, que se dedica a la venta minorista de muebles y objetos para el hogar y decoración, marcando como prioridad competitiva ofrecer productos de calidad a bajos precios. Su perfil característico de cliente tiene una edad media de 36,5 años (por lo general, personas entre los 25 y 45 años), con un alto nivel educativo y, mayoritariamente, parejas jóvenes, estudiantes, padres primerizos, padres con hijos adolescentes e inversores.

Continúa en página siguiente >>

<< Viene de página anterior

Por su parte, Merkamueble inició su actividad como centro regional mayorista de Andalucía, evolucionando y adaptándose a las circunstancias cambiantes del mercado del mueble hacia la venta al detalle. Actualmente, continúa reforzando su presencia con tiendas especializadas que complementen su amplia oferta de equipamiento integral para el hogar. Su perfil característico de cliente es similar al que presenta IKEA, pero con un nivel educativo más bajo y mayoritariamente mujeres trabajadoras.

Sabiendo esto, identifica el concepto de imagen de ambas empresas.

A continuación, distingue los elementos fundamentales que transmite la imagen adecuada de cada empresa.

---

7. La información suministrada por el cliente

 HILO CONDUCTOR

El Departamento de Atención al Cliente de LIMPISA gestiona diariamente cientos de procesos de envío de documentos a clientes, sobre todo, documentos relacionados con la resolución de incidencias. Para llevar a cabo esta operación los trabajadores del departamento utilizan métodos de recogida de información, que aportan un valor adicional al proceso de atención en sí.

Suministrar información de y para el cliente se ha convertido en la actualidad en uno de los puntos de referencia de aquellas empresas preocupadas por dar a sus clientes el mejor de los servicios, logrando diferenciarse así del resto de la competencia.

Entre los métodos de recogida de información más eficaces se encuentran:

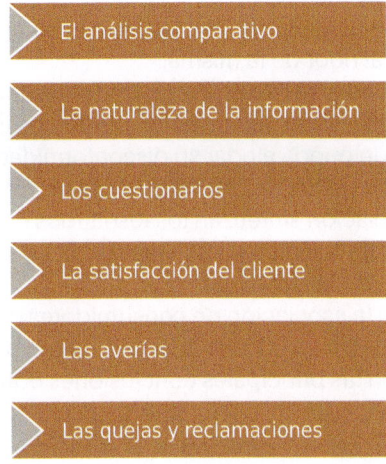

El análisis comparativo

La naturaleza de la información

Los cuestionarios

La satisfacción del cliente

Las averías

Las quejas y reclamaciones

7.1. Análisis comparativo

En el área de Consumo, un análisis comparativo es un estudio profesional realizado por una asociación de consumidores conforme a una metodología aceptada, informando de los resultados a los propietarios de los productos analizados y publicándolos en una revista de análisis comparativos, con el objetivo de informar a los consumidores de las mejores relaciones calidad-precio.

Un análisis comparativo debe ser realizado de manera rigurosa por las asociaciones de consumidores, teniendo en cuenta que la ley les prohíbe divulgar informaciones que no se encuentren respaldadas por acreditaciones, resultados analíticos o controles de calidad suficientemente contrastados.

Las **fases** propias de un análisis comparativo de bienes de consumo son las siguientes:

1. **Elaboración de un calendario de productos a analizar:** las asociaciones de consumidores disponen de un calendario con la relación de análisis que van a realizar en los siguientes meses.
2. **Definición del estándar de evaluación:** el estándar puede ser una normativa de un país más exigente con el producto o las recomendaciones hechas por un organismo internacional. El laboratorio debe ser un especialista en el producto elegido y puede ser nacional, o bien, estar situado en cualquier parte del mundo.
3. **Recolección de muestras de producto:** esta fase es crítica en productos perecederos o de temperatura controlada, ya que una incorrecta

manipulación camino del laboratorio podría afectar a los resultados de la analítica y al rigor de la misma.

4. **Analítica y envío de resultados a los fabricantes:** la analítica se realiza incluyendo análisis de los distintos productos y es enviada a cada fabricante para que pueda alegar su disconformidad con los resultados.

5. **Vulgarización de los resultados y síntesis:** los equipos técnico y editorial de la asociación sintetizan los resultados enviados por el laboratorio en textos comprensibles para el gran público, cruzándolos con el análisis de precios de los artículos.

6. **Divulgación:** la asociación de consumidores divulga el resultado de los análisis realizados en una publicación, dando a conocer a los medios de comunicación las principales conclusiones obtenidas.

Diferencias con los laboratorios públicos de consumo

La principal diferencia entre los análisis que realizan las asociaciones de consumidores y los análisis públicos radica en el **estándar utilizado en la analítica** y la **finalidad de los mismos:**

Administraciones públicas	Asociaciones de consumidores
- Velar para que se cumplan los estándares oficiales de seguridad de los productos en el mercado. - Supervisar a las compañías. - Realizar muestreos dentro de las campañas de inspección marcadas a nivel europeo, estatal y autonómico.	- Mejorar los estándares de seguridad y de calidad de los productos.

 SABÍAS QUE...

El Centro de Investigación y Control de la Calidad es un conjunto de laboratorios que realizan análisis y ensayos sobre productos presentes en el mercado español, con el fin de evaluar su conformidad con las Reglamentaciones Técnico-Sanitarias y Normas de Calidad que los regulan. Se creó en el año 1970 y desde 1986 se encuentra adscrito al Instituto Nacional del Consumo. La verificación de productos se realiza exclusivamente a petición de organismos de las Administraciones públicas.

7.2. Naturaleza de la información

La información que se desea conseguir sobre el cliente puede ser de distinta tipología y naturaleza según los tipos de datos desde los que se obtenga. En función de estos, como se ha visto anteriormente, la información puede clasificarse según diferentes **criterios:**

Tipos de fuentes	
Según el grado de elaboración o especialidad	Primaria
	Secundaria
Según la disponibilidad	Interna
	Externa
Según la naturaleza de la información	Cuantitativa
	Cualitativa

7.3. Cuestionarios

El cuestionario es el **instrumento que se utiliza para obtener información** primaria por medio de la comunicación. Se materializa en una lista de preguntas y puede clasificarse en:

- **Estructurado:** exige al encuestador que realice las preguntas tal y como aparecen redactadas.
- **No estructurado:** se trata de una relación de preguntas utilizadas como guía en una conversación.

Cuestionarios en cada una de las técnicas de recogida de información primaria		
	Estructurado	No estructurado
Encuesta	*	
Estudio ómnibus	*	
Entrevistas en profundidad		*
Grupos de discusión		*
Paneles de consumidores	*	

De la experiencia acumulada han surgido una serie de reglas o pautas que pueden ser de utilidad para el investigador que se enfrenta a la tarea de **diseñar un cuestionario.** A continuación, mostramos los **pasos a seguir** para su realización:

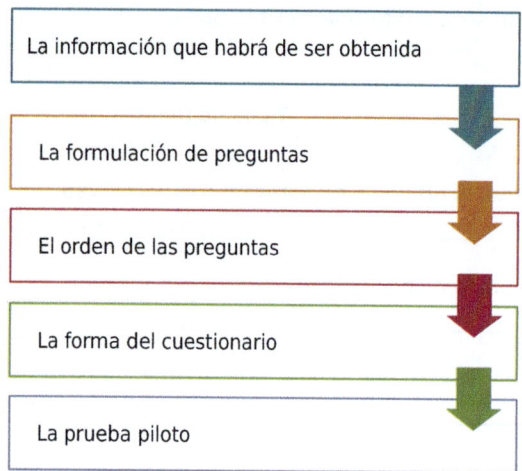

A continuación, se analizarán pormenorizadamente cada uno de estos pasos.

Información que habrá de ser obtenida

Antes de plantear el cuestionario es necesario que el investigador tenga bien definidos los objetivos específicos de la investigación a los que se pretende dar respuesta con los datos proporcionados por el cuestionario.

Formulación de las preguntas

Las preguntas de un cuestionario pueden clasificarse según tres criterios: el formato de la pregunta, el tipo de información que pretende recoger y la función que cumple en el cuestionario.

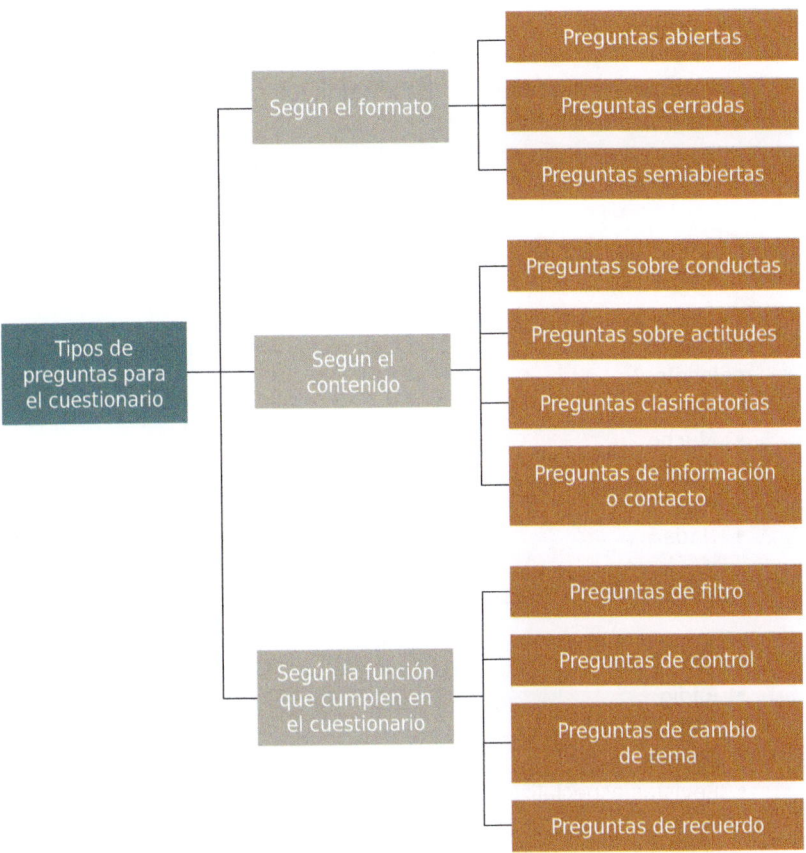

A continuación, se explican las características de cada uno de estos tipos de preguntas.

Preguntas abiertas

Las preguntas **abiertas** no contienen respuestas predeterminadas.

👁 **EJEMPLO**

¿Para qué utiliza su coche?

Preguntas cerradas

Las preguntas **cerradas** contienen una relación exhaustiva de las posibles respuestas.

 EJEMPLO

En conjunto, ¿cuánto le gusta el candidato del partido X para las elecciones regionales?

- Mucho
- Bastante
- Poco
- Nada

¿Cómo conoció usted la existencia de este portal de empleo?

- TV
- Radio
- Prensa
- Carteles
- Revistas especializadas

Preguntas semiabiertas

Son las preguntas semiabiertas las que incluyen respuestas predeterminadas, siendo la última una pregunta abierta.

 EJEMPLO

Cuando hay poco trabajo, ¿cuáles son normalmente las soluciones a las que se recurre en su establecimiento?

Continúa en página siguiente >>

<< *Viene de página anterior*

- Reducen la jornada por debajo de las ocho horas.
- Reducen el personal eventual.
- Reducen los fijos de temporada.
- Prescinden del personal fijo.
- Toman otras soluciones, ¿cuáles?

Teniendo en cuenta las ventajas e inconvenientes de las preguntas abiertas y cerradas, es aconsejable cerrar tantas preguntas como sea posible; de hecho, las preguntas abiertas, salvo para estudios muy específicos, son cada vez menos utilizadas y los cuestionarios apenas encierran preguntan de estas características.

Preguntas sobre conductas

Son aquellas que tienen por objeto recabar información sobre la conducta de los usuarios.

 **EJEMPLO**

¿Es usted lector?

- Sí
- No

¿Con qué frecuencia lleva usted a su mascota al veterinario?

- Más de una vez por semana.
- Cada semana.
- Una vez al mes.
- Una vez al trimestre.
- Menos de una vez al trimestre.

¿En qué tipo de establecimiento realiza usted su compra de alimentación?

- En una tienda tradicional.
- En un supermercado.

Continúa en página siguiente >>

<< Viene de página anterior

- En un hipermercado.
- En un centro comercial.
- Otros.

¿Qué porcentaje de sus ingresos dedica a la alimentación?

- Entre el 50 % y el 30 %
- Entre el 30 % y el 10 %
- Menos del 10 %

Preguntas sobre actitudes

Son aquellas que tienen por objeto recabar información sobre la actitud de los usuarios.

 **EJEMPLO**

Queremos conocer cuál es tu opinión sobre las siguientes cuestiones:

ÍTEMS	Totalmente desacuerdo	Bastante desacuerdo	Ni acuerdo ni desacuerdo	Bastante de acuerdo	Totalmente de acuerdo
Creo que comer sano es importante para mi salud general					
Los alimentos preparados en casa son mejores que los preparados en hamburgueserías y pizzerías					
Me siento mejor comiendo sano					

Preguntas clasificatorias

Son aquellas que tienen por objeto recabar información que permita clasificar a los usuarios en un grupo determinado.

 **EJEMPLO**

¿Cuál es su estado civil?

- Casado
- Soltero
- Viudo
- Divorciado
- Separado

¿En qué zona de Málaga vive usted?

- Centro
- Costa
- Zona universitaria
- Zona Oeste
- Zona Este
- Otras

Preguntas de introducción o contacto

Son aquellas colocadas al inicio del cuestionario, cuya misión principal es la de crear un clima de confianza e interés en el entrevistado.

 **EJEMPLO**

1. ¿Qué nombre nos sugiere para nuestro bufé?
2. ¿Qué opinión le merece el nombre del bufé "El encanto de comer"?

Continúa en página siguiente >>

<< Viene de página anterior

a. Muy interesante
b. Interesante
c. Neutro
d. Poco interesante
e. Nada interesante

Preguntas de filtro

Son las que tienen por objeto seleccionar un grupo de individuos del total de la muestra, a los que van dirigidas determinadas preguntas del cuestionario.

 EJEMPLO

¿Qué raza de perro posee usted?

- Pastor alemán
- Otra raza
- No sabe

Preguntas de control

Son aquellas que tienen por objeto contrastar la fiabilidad de la información que da el encuestado.

Preguntas de cambio de tema

Son aquellas que sirven de puente entre dos temas.

Preguntas de recuerdo

Son las que están dirigidas a la obtención de un recuerdo respecto a determinadas variables o a la fijación de dicho recuerdo en algún hecho concreto del que luego se va a hablar.

◎ **EJEMPLO**

- ¿Puede decirme las marcas de frigoríficos de las que recuerde haber visto publicidad en TV en los tres últimos años?
- ¿Durante los últimos tres meses ha visto publicidad en televisión de las siguientes marcas de frigoríficos que voy a citarle?

    · Marca A.
    · Marca B. (Recuerdo sugerido)

- ¿Dónde pasó sus últimas vacaciones?

(Fijar el recuerdo para posteriores preguntas referentes a los servicios turísticos utilizados)

Contenido de las preguntas

Para determinar el contenido de las preguntas, antes de su redacción el investigador debe ser consciente de la capacidad del encuestado para proporcionar la información y la disposición del mismo a responder. Suponiendo que la persona encuestada pueda responder a la pregunta con precisión, el siguiente aspecto a considerar es que no quiera contestar o suministre deliberadamente una respuesta incorrecta a una o más preguntas.

Para que esto no suceda, un aspecto muy importante en el contenido de las preguntas es la redacción de las mismas. En la siguiente tabla se muestran las consideraciones que se deben tener en cuenta en la redacción de las preguntas:

Utilizar	Evitar	Tener en cuenta
- Vocabulario sencillo - Preguntas cortas - Palabras sencillas	- Preguntas tendenciosas - Preguntas con suposiciones implícitas - Complicar y confundir a la persona entrevistada - Preguntas y respuestas dobles	- El tipo de preguntas que se van a formular - Cuál va a ser su contenido - Cómo van a ser redactadas

◁◉▷ EJEMPLO

A continuación, mostramos un ejemplo de cuestionario de satisfacción del cliente.

Estimado cliente:

Nos dirigimos a usted con el objetivo de evaluar su grado de satisfacción con respecto a nuestro servicios, tras la finalización de los trabajos realizados.

Consideramos fundamental cualquier indicación que nos dé, tanto para conseguir su plena satisfacción como para mejorar nuestro servicio.

Le damos a continuación la posibilidad de comunicarnos, mediante un sencillo cuestionario, su impresión respecto al servicio que le hemos ofrecido.

Fecha: _____ Cliente: _____

	MS	S	IND	INS
1. Trato y cordialidad del equipo comercial	☐	☐	☐	☐
2. Profesionalidad del equipo de trabajo	☐	☐	☐	☐
3. Comunicación entre ambas partes	☐	☐	☐	☐
4. Molestias ocasionadas	☐	☐	☐	☐
5. Capacidad de respuesta ante imprevistos	☐	☐	☐	☐
6. Relación calidad/precio	☐	☐	☐	☐
7. Rapidez en la realización del producto	☐	☐	☐	☐
8. Cumplimiento de plazos	☐	☐	☐	☐
9. Cumplimiento del contrato	☐	☐	☐	☐
10. Valoración general del servicio	☐	☐	☐	☐

MS: Muy satisfecho S: Satisfecho
IND: Indiferente   INS: Insatisfecho

Observaciones: _____

_____

Por favor, una vez cumplimentado, remítanos el cuestionario, firmado y sellado a través de las siguientes vías:
Fax: 999-99-99-99   E-mail: informacion@administracion.com
Dirección: C/ Ramón Escribano N.º 25 MÁLAGA CP: 29007
¡Muchas gracias por su colaboración!

Cuestionario de satisfacción del puesto de trabajo

Escalas de medida

Para **medir** la conducta y las actitudes se emplean diferentes escalas; sin embargo, debido a la complejidad de algunas de ellas, únicamente se verán aquellas que resultan más útiles para la temática tratada.

Escala nominal
- La **escala nominal** es aquella en la que los números sirven solamente como etiquetas para identificar los elementos que se quieren medir. La regla en esta escala es asignar el mismo número a elementos con idéntica característica y fijar diferente número a los elementos con características distintas. Esta escala se utiliza para **identificar y clasificar los elementos que poseen la misma característica.** Así, la medida estadística que puede calcularse es **la moda.**

Escala ordinal
- La **escala ordinal** mide el grado en que un elemento presenta una característica en relación con otro. Esta escala se obtiene estableciendo un orden en los elementos con respecto a alguna característica común. La regla es que los números se asignen de tal forma que su orden corresponda directamente con el orden de los elementos en base a la característica a la que se ordena.
- Como no se tiene conocimiento sobre el número de diferencias entre los objetos, las operaciones aritméticas permisibles se limitan a medias estadísticas como la mediana y la moda.

 **DEFINICIÓN**

Moda
En estadística, la moda es el valor con una mayor frecuencia en una distribución de datos.

Mediana
En el ámbito de la estadística, la mediana es el valor de la variable que deja el mismo número de datos antes y después que él una vez ordenados estos. De acuerdo con esta definición, el conjunto de datos menores o iguales que la mediana representarán el 50 % de los datos, y los que sean mayores que la mediana representarán el otro 50 % del total de datos de la muestra.

Orden de las preguntas

Para establecer el orden de las preguntas del cuestionario hay que tener en cuenta una serie de **indicaciones:**

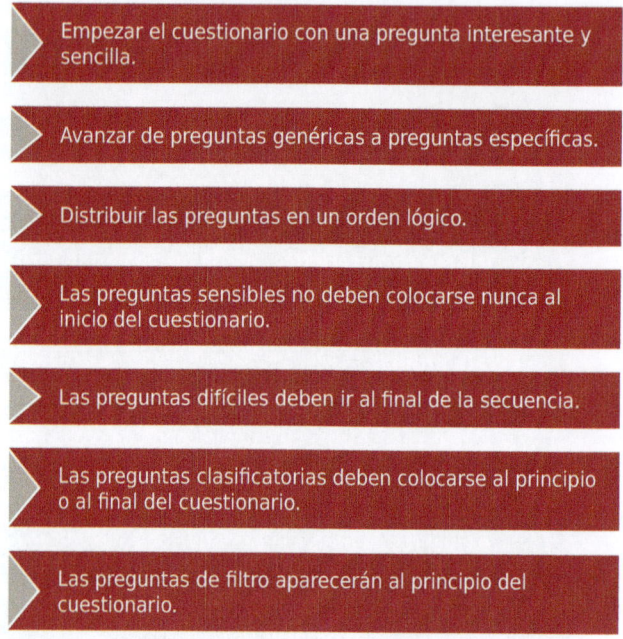

Empezar el cuestionario con una pregunta interesante y sencilla.

Avanzar de preguntas genéricas a preguntas específicas.

Distribuir las preguntas en un orden lógico.

Las preguntas sensibles no deben colocarse nunca al inicio del cuestionario.

Las preguntas difíciles deben ir al final de la secuencia.

Las preguntas clasificatorias deben colocarse al principio o al final del cuestionario.

Las preguntas de filtro aparecerán al principio del cuestionario.

La forma del cuestionario

Observa a continuación las diferentes **partes** de las que consta un cuestionario:

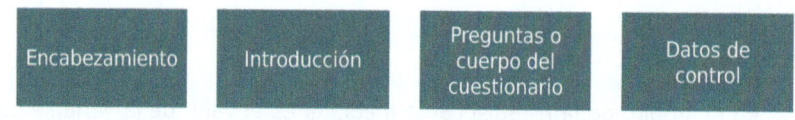

Encabezamiento | Introducción | Preguntas o cuerpo del cuestionario | Datos de control

A continuación, se analizarán cada una de las partes del cuestionario.

Encabezamiento

Es importante que el nombre de la organización patrocinadora de la entrevista y el nombre del proyecto aparezcan claramente en la primera página del cuestionario.

Título de la actividad

Fecha de celebración   *Lugar de celebración*

Agencia de
Calidad Sanitaria

Introducción

Una breve introducción servirá para dar a los encuestados una explicación de las razones por las que se realiza la entrevista y transmitir garantías de confidencialidad.

Cuestionario de satisfacción del participante en sesiones clínicas y de cuidados

El siguiente cuestionario pretende conocer cuál es tu opinión acerca del desarrollo de la formación en la que has participado, con el objetivo de identificar elementos de mejora.

Indica la opción que te parezca más adecuada, teniendo en cuenta que 0 es el "grado más bajo de satisfacción o estar totalmente en desacuerdo" y 10 el "grado más alto de satisfacción o estar totalmente de acuerdo".

Preguntas o cuerpo del cuestionario

Para que el cuestionario resulte fácil de aplicar es importante considerar ciertos aspectos referentes al cuerpo del cuestionario, como:

- Las preguntas que el encuestador debe leer al encuestado se diferenciarán de manera ostensible de las instrucciones que aparecen en el cuestionario para el encuestador (tipo de letra, entre paréntesis, etc.).
- Numerar con claridad todas las preguntas.
- En las preguntas cerradas conviene asegurarse de que los cuadros o números existentes para cumplimentar la pregunta están próximos a las respuestas propuestas.
- En las preguntas abiertas, mientras más líneas o espacios se dejen para registrar la respuesta, esta será más extensa.

Utilidad

	0	1	2	3	4	5	6	7	8	9	10	NC
1. Se han cubierto los objetivos y expectativas que tenía en relación a la sesión.	☐	☐	☐	☐	☐	☐	☐	☐	☐	☐	☐	☐
2. Los contenidos desarrollados durante la sesión han resultado útiles.	☐	☐	☐	☐	☐	☐	☐	☐	☐	☐	☐	☐
3. Las conclusiones o resultados obtenidos en la sesión son de aplicabilidad directa a mi práctica profesional.	☐	☐	☐	☐	☐	☐	☐	☐	☐	☐	☐	☐

Metodología

	0	1	2	3	4	5	6	7	8	9	10	NC
4. La metodología didáctica empleada por los/as docentes ha sido adecuada para el desarrollo óptimo de la sesión.	☐	☐	☐	☐	☐	☐	☐	☐	☐	☐	☐	☐

Equipo docente

	0	1	2	3	4	5	6	7	8	9	10	NC
5. En general estoy satisfecho con la participación de la/s persona/s que ha/n intervenido como docente/s.	☐	☐	☐	☐	☐	☐	☐	☐	☐	☐	☐	☐

Datos de control

Para poder comprobar si la encuesta ha sido verdaderamente realizada, al final del cuestionario se solicitarán el nombre, el teléfono del entrevistado y, a veces, su dirección.

Nota sobre la privacidad

Esta encuesta es anónima. Existe un proceso de anonimización para cualquier dato identificativo que pueda preguntarse específicamente. No obstante, si desea identificarse, puede completar el siguiente campo con su nombre y apellidos.

Nombre y apellidos: Género:

Prueba piloto

Para detectar posibles fallos en la elaboración del cuestionario, es necesario aplicarlo a un pequeño grupo de encuestados reales, es decir, del mismo tipo que aquellos a los que vamos a entrevistar al realizar la encuesta. La finalidad de esta prueba es asegurarse de que el cuestionario no contiene defectos de forma y/o contenido.

7.4. Satisfacción del cliente

Para saber con exactitud si el cliente ha percibido bien la atención y el trato recibidos, si ha quedado satisfecho y si aprecia todo el esfuerzo realizado, es necesario conocer sus motivaciones y necesidades, y hacer uso de los cuestionarios de satisfacción del cliente.

Las necesidades del consumidor

Las necesidades del consumidor son examinadas a fondo por la investigación comercial y el sistema de información de mercados de la empresa, con objeto de obtener toda la información posible sobre lo que mueve al consumidor en su vida y cómo puede, con sus productos y servicios, satisfacer dichas necesidades, así como para fijar el resto de las políticas de *marketing*.

 **DEFINICIÓN**

Necesidad
Sensación de una carencia unida al deseo de hacerla desaparecer.

En el tema tratado, hay que prestar especial atención a la **pirámide de necesidades** diseñada por **Abraham Maslow.** Según este autor, las necesidades aparecen de forma sucesiva empezando por las más elementales; a medida que se van satisfaciendo en un determinado grado van apareciendo otras de rango superior. Así, se pueden distinguir cinco tipos de necesidades ordenadas jerárquicamente:

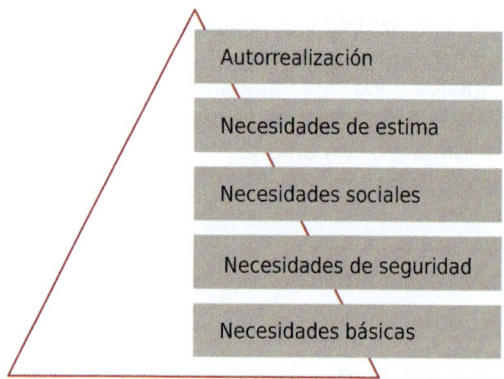

A continuación, se analizan cada una de estas necesidades:

- ○ **Necesidades básicas:** son las necesidades fisiológicas básicas del ser humano, relativas a la supervivencia. En este estrato de la pirámide se englobarían la necesidad de alimento, vestimenta, etc.
- ○ **Necesidades de seguridad:** surgen cuando las necesidades básicas son satisfechas; estas necesidades engloban todos los factores relacionados con la protección y seguridad del ser humano.
  Ejemplos: seguridad en el empleo, salud, vivienda, etc.
- ○ **Necesidades sociales:** necesidad de pertenencia a un grupo, amistad, afecto, participación social, etc.
- ○ **Necesidades de estima:** se conocen también como las necesidades de reconocimiento. Se dan una vez satisfechas las necesidades anteriores

del ser humano. Esta escala de la pirámide radica en la necesidad de todo ser humano de autorreconocimiento, respeto, tener prestigio y destacar dentro de su grupo social.

- **Autorrealización:** se da una vez satisfechas las demás necesidades del ser humano; el individuo autorrealizado es el que encuentra un sentido válido a la vida mediante el desarrollo de una actividad. En este nivel el ser humano requiere trascender, dejar huella y desarrollar al máximo su talento.

 PARA SABER MÁS

Escanea el siguiente código para conocer la utilidad de la pirámide de Maslow:

https://redirectoronline.com/uf00360104

Las motivaciones del cliente

Comprender verdaderamente la motivación de los clientes requiere reconocer que el producto o servicio que la empresa les ofrece significa para ellos un beneficio y que este es parte importante de lo que ellos compran.

La empresa se dedica a resolver los requerimientos de los clientes, satisfaciendo sus necesidades y ofreciéndoles un conjunto de beneficios que significan un valor añadido. La motivación de los clientes es el lazo de unión entre la oferta y la demanda.

Por lo general, la motivación de los clientes se desarrolla en dos etapas claramente diferenciadas: la primera guarda relación con el reconocimiento de una necesidad en general; la segunda, con la elección de un satisfactor en particular.

La satisfacción del cliente. Percepción respecto a la atención al cliente recibida

En la actualidad, lograr la satisfacción total del cliente es un requisito indispensable para ganarse un lugar en su mente y, como consecuencia, en el mercado meta.

La **satisfacción del cliente** y **su fidelización** son componentes esenciales para aumentar la competitividad de las organizaciones.

 **DEFINICIÓN**

Satisfacción del cliente
Nivel del estado de ánimo de un cliente que resulta de comparar el rendimiento percibido de un producto o servicio con sus expectativas.

Si la satisfacción y fidelización del cliente son componentes esenciales para mejorar la competitividad de las empresas, la identificación de las necesidades y su fidelización son componentes esenciales para mejorar la competitividad de las mismas.

 **APLICACIÓN PRÁCTICA**

Determina cuáles de los siguientes elementos se consideran componentes propios de la satisfacción del cliente:

a. Enfoque de los RR. HH.
b. Niveles de satisfacción.
c. Cambios en la cultura organizativa.
d. Medición de resultados y análisis de desviaciones.
e. Fijación de los objetivos.

Solución

Junto con las expectativas, los componentes básicos de satisfacción del cliente vienen constituidos por el rendimiento percibido y los niveles de satisfacción.

Se puede deducir entonces que la definición de satisfacción está compuesta por tres elementos:

- **Rendimiento percibido:** con ello nos referimos al valor que el cliente considera que ha logrado tras la adquisición de un producto o servicio.
- **Expectativas:** se refieren a aquello que los clientes esperan conseguir al consumir un bien o servicio.
- **Niveles de satisfacción:** tras efectuar la adquisición de un producto o servicio, los clientes experimentan uno de los siguientes niveles de satisfacción:

  - Insatisfacción: se origina si el valor percibido del producto no alcanza las expectativas del cliente.
  - Satisfacción: se produce cuando el valor percibido del producto concuerda con las expectativas del cliente.
  - Complacencia: tiene lugar cuando el valor percibido supera las expectativas del cliente.

Lograr la satisfacción del cliente supone multitud de ventajas y beneficios para la empresa. Estas pueden resumirse en tres:

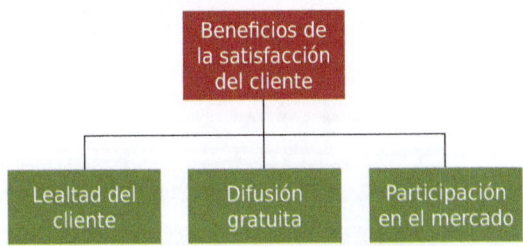

Dependiendo del nivel de satisfacción del cliente, se puede conocer el grado de lealtad hacia una marca o empresa.

7.5. Averías

👉 HILO CONDUCTOR

Después de haber reparado el equipo de limpieza de un cliente y enviado el parte de averías correspondiente, el operario del servicio técnico se ha puesto en contacto con el área de Atención al Cliente de la empresa para transmitirles el agradecimiento del cliente por la atención recibida durante los últimos días.

Las empresas deben disponer de un **servicio de atención telefónica para averías,** es decir, un número de teléfono al que el cliente pueda dirigirse en caso de avería, para que le tramiten la solución de la misma y le informen de lo ocurrido.

Si no se dispone de un número teléfono exclusivo de averías, esta función la realizará el teléfono de atención al cliente. El servicio de atención de averías debe funcionar las 24 horas del día. En caso de que no sea posible, se dispondrá de un servicio *online* que atienda las averías.

A la hora de atender las averías, el servicio de atención al cliente debe seguir un **protocolo de actuación,** que cuenta con una serie de pasos para realizar el correcto seguimiento de la avería y atender adecuadamente a los clientes. Las principales funciones de este servicio serán:

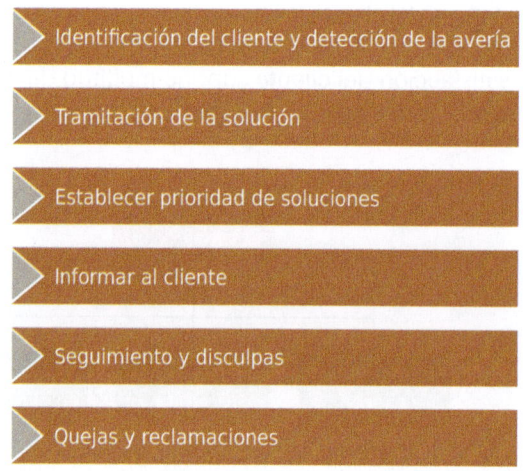

Identificación del cliente y detección de la avería

Tramitación de la solución

Establecer prioridad de soluciones

Informar al cliente

Seguimiento y disculpas

Quejas y reclamaciones

SABÍAS QUE...

La mala gestión y atención de las averías supone una gran pérdida de clientes para las compañías telefónicas.

7.6. Quejas y reclamaciones

En ocasiones, las averías pueden derivar en la presentación por parte del cliente de una queja o reclamación, ya sea por la deficiente atención recibida al comunicarla a la empresa o por la insatisfacción con el resultado de la solución ofrecida; no obstante, el cliente también puede presentar una queja o reclamación sin que previamente haya existido una avería.

IMPORTANTE

Estos instrumentos no deben considerarse como amenazas o reprimendas, sino como oportunidades de mejora.

Por lo tanto, desde el momento en que un cliente comunica su queja o reclamación es más que necesario prestarle la atención adecuada, escuchando sus argumentos y tratando de entender sus problemas.

Cualquier establecimiento que comercialice un producto o un servicio está obligado a tener a disposición de los consumidores y usuarios un **libro de quejas y reclamaciones** sellado y numerado. Además, deberá situar en una zona visible la existencia de "hojas y reclamaciones a disposición del consumidor o usuario" que las pida. Este formulario consta de tres copias de distinto color: una es para el comercio, otra para el cliente y la tercera debe entregarla el cliente en la asociación de consumidores o en la oficina de consumo de su ayuntamiento o comunidad autónoma.

Resulta imprescindible que las empresas dispongan de un adecuado servicio de averías que ofrezca la información y las soluciones que el cliente espera, y que suponga:

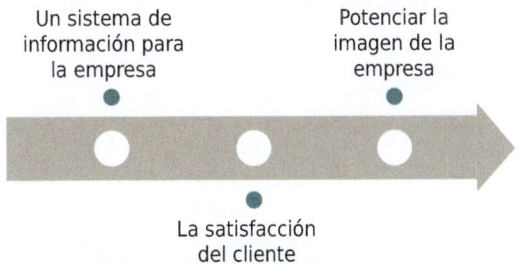

8. Documentación implicada en la atención al cliente

☞ **HILO CONDUCTOR**

Una de las características del grupo LIMPISA, S. L. es su convencimiento de que la satisfacción de los clientes representa un factor determinante para la generación de beneficios estables a largo plazo y que su consecución debe situarse siempre en el centro de su actividad comercial. Además de este convencimiento, el grupo aboga por proteger intensamente la figura del cliente, lo cual se traduce en una normativa de protección de su figura.

La atención al cliente implica una serie de documentos que sirven para que la actividad llevada a cabo en el área de Atención al Cliente se formalice, quedando constancia de la misma. Cuesta reconocer la influencia que estos documentos pueden ejercer sobre la imagen que el cliente tiene de la empresa, pero justamente es por estos detalles por los que, en ocasiones, va a ser juzgada seguramente la calidad total de la empresa.

De esta forma, se tendrán en cuenta documentos tales como el reglamento del Departamento de Atención al Cliente, el informe anual del departamento y los documentos implicados en el denominado servicio posventa.

8.1. Reglamento

El objetivo de poseer un reglamento en este departamento es **describir el funcionamiento del área de Atención al Cliente,** creado a fin de garantizar un correcto tratamiento de las posibles quejas y reclamaciones presentadas por los clientes, y delimitar sus funciones y procedimientos.

 **EJEMPLO**

Observa el índice del reglamento de una empresa fabricante de juguetes:

| **REGLAMENTO INTERNO DE ATENCIÓN AL CLIENTE PLAYGAME, S. A.**

ÍNDICE

1. Objeto de y campo de aplicación.

2. Presentación del departamento de atención al cliente de PlayGame, S. A.

3. Estructura y desarrollo operativo.

4. Funciones y servicios de atención al cliente.

    - Sugerencias

    - Quejas y reclamaciones

    - Servicio posventa

5. Modificaciones del reglamento.

8.2. Informe anual

Es muy aconsejable que durante el primer trimestre de cada año el Departamento de Atención al Cliente presente al consejo de administración de la empresa un informe que resuma una serie de datos relacionados con su área. En él se deben reflejar los siguientes datos:

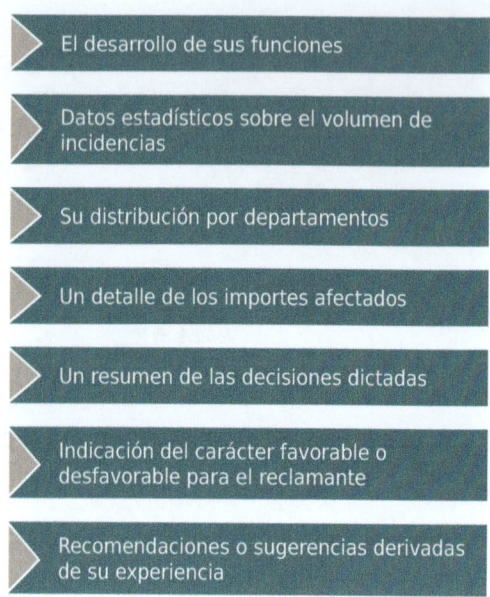

El desarrollo de sus funciones

Datos estadísticos sobre el volumen de incidencias

Su distribución por departamentos

Un detalle de los importes afectados

Un resumen de las decisiones dictadas

Indicación del carácter favorable o desfavorable para el reclamante

Recomendaciones o sugerencias derivadas de su experiencia

8.3. Documentación del servicio posventa

El servicio posventa incluye todas aquellas actividades encaminadas a maximizar la satisfacción del consumidor que ha demandado un producto o servicio y ha iniciado su uso. Dentro del mismo, se pueden distinguir varios documentos que sirven para dejar constancia de su actividad.

Garantía

A través de la concreción o presentación de una garantía lo que se pretenderá hacer es dotar de mayor seguridad al cumplimiento de una obligación o el pago de una deuda.

 **DEFINICIÓN**

Garantía
Acción que una persona, empresa o comercio despliega con objeto de afianzar aquello que se haya estipulado.

La garantía ofrecida por productos y comercios se materializa mediante un documento de la empresa fabricante o comercializadora, que debe incluir obligatoriamente la siguiente información:

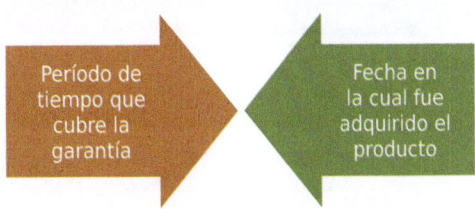

Según la normativa vigente, todos los productos de consumo tienen una garantía legal, tanto si la persona vendedora informa de ella como si no, y cualquier persona que compre dichos productos tiene los derechos legales que reconoce la ley.

Para reclamar y hacer valer la garantía, el consumidor puede dirigirse tanto al vendedor como al fabricante del producto. La legislación establece un plazo general de dos años de garantía desde la compra.

Si un producto en período de garantía es defectuoso, el consumidor puede emprender diferentes acciones:

- Reparar el producto
- Sustituir el producto por otro nuevo
- Pedir una reducción del precio del producto
- Resolver el contrato

Sugerencias

Los clientes pueden dejar registro de sus sugerencias a través de documentos escritos, fax, correo electrónico, etc. Para ello, se les facilitará un formulario de sugerencias y las correspondientes direcciones y teléfonos a las que enviarlas.

Quejas y reclamaciones

La presentación de la queja o reclamación se formalizará por escrito, o bien, a través de medios informáticos, electrónicos o telemáticos. Esta se presentará personalmente o mediante representación debidamente acreditada en cualquiera de las delegaciones de la empresa en cuestión.

Los datos de los que deben constar las quejas o reclamaciones son los siguientes:

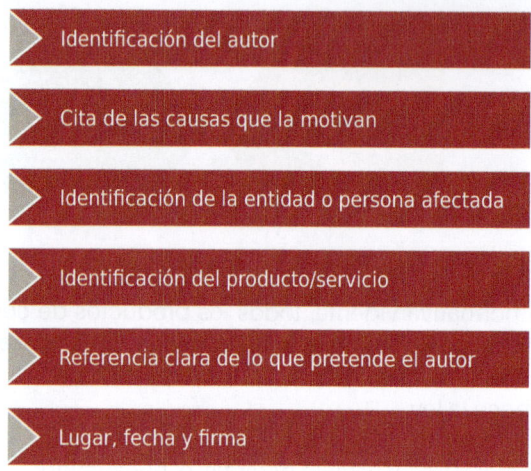

Identificación del autor

Cita de las causas que la motivan

Identificación de la entidad o persona afectada

Identificación del producto/servicio

Referencia clara de lo que pretende el autor

Lugar, fecha y firma

 ACTIVIDAD COMPLEMENTARIA

3. Reflexiona sobre cómo pueden afectar a la imagen de una empresa las decisiones tomadas en el servicio posventa e identifica diferentes casos en los cuales una simple decisión del mismo haya supuesto un notable deterioro de la imagen de la marca.

9. Servicio posventa e implicaciones en la fidelización

La calidad que cualquier empresa quiere ofrecer a sus clientes no termina cuando se han vendido los productos o servicios. Puede ocurrir que los clientes, después de haber comprado, encuentren cualquier defecto en el producto o incluso que la utilidad que ofrece el producto o servicio no sea la que se pretendía comprar. Es precisamente en este momento cuando la empresa debe ofrecer un servicio posventa que satisfaga al cliente y genere la calidad deseada por la empresa.

Los servicios posventa pueden clasificarse en dos categorías fundamentales:

- Servicios posventa basados en la **gestión de servicios de apoyo al cliente,** que se efectúan una vez que se ha realizado la venta (acciones de seguimiento, teléfonos para llamadas sin cargo, etc.).
- Servicios posventa orientados a la **gestión de la información** al cliente y las devoluciones, que ayudan a estrechar y consolidar las relaciones con los clientes.

El **procedimiento** a seguir en el servicio posventa es el siguiente:

Identificación del producto	Registro de entradas y salidas	Análisis de causas y búsqueda de soluciones
- El primer objetivo del control del servicio posventa es establecer unas líneas a seguir para identificar y controlar el producto o servicio que no está en buenas condiciones y evitar, de esta forma, la entrega o el uso del servicio al cliente.	- Se creará un registro de entradas y salidas que se utilizará solamente en el servicio posventa, donde se describirán los incidentes que presentan los clientes y consumidores, así como las acciones o gestiones que se han llevado a cabo para solucionar la disconformidad que han presentado los clientes.	- Por último, se analizarán e identificarán las causas que han provocado el mal estado del producto o servicio y se propondrán posibles soluciones al problema, buscando el asesoramiento de expertos para mejorar e impedir que se produzca otro incidente de las mismas características.

 ## SABÍAS QUE...

Una conocida marca de cepillos dentales eléctricos tiene una de las mejores posventas del mercado. Ofrece una garantía mínima de 1 año, ampliable hasta 3 años, incluyendo únicamente el código que hay en el interior de cada caja. En caso de avería o mal funcionamiento solo tiene que llamar al número facilitado y seguir las instrucciones.

Además, esta empresa ofrece 30 días de prueba a partir de la fecha de compra. Si no está totalmente satisfecho, le devuelven el dinero.

El proceso que conlleva el **servicio posventa** debe ser perfeccionado continuamente por medio de la garantía de calidad que cualquier empresa que se precie debe ofrecer.

En este sentido, está constatado que las empresas que se preocupan por ofrecer un buen servicio posventa logran una mayor fidelización en sus clientes y, además, logran captar a un número superior de nuevos clientes que las empresas que no lo poseen o lo brindan de forma más deficiente.

¿Pero qué hay que hacer para fidelizar al cliente?

Existen una serie de **reglas** destinadas a facilitar la fidelización de los clientes por parte de las empresas.

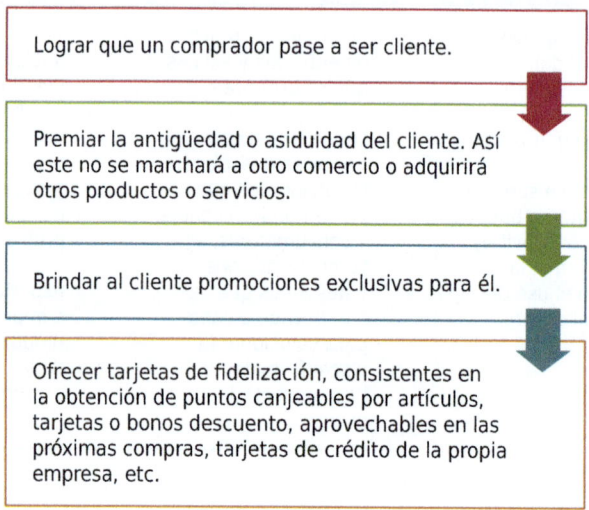

Lograr que un comprador pase a ser cliente.

Premiar la antigüedad o asiduidad del cliente. Así este no se marchará a otro comercio o adquirirá otros productos o servicios.

Brindar al cliente promociones exclusivas para él.

Ofrecer tarjetas de fidelización, consistentes en la obtención de puntos canjeables por artículos, tarjetas o bonos descuento, aprovechables en las próximas compras, tarjetas de crédito de la propia empresa, etc.

La prestación del servicio posventa es fundamental para el logro de la calidad, ya que garantiza el paso a un nivel superior en lo que a la calidad se refiere al permitir conocer la opinión de los clientes e identificar oportunidades de mejora.

 **TAREA 6**

Imagina que vas a comprar a una tienda especializada en material para el hogar como mobiliario o artículos de decoración e iluminación, entre otros. En la tienda hay varios empleados y a ti te atiende uno bastante desagradable, con falta de educación y de manera incorrecta, además de no prestarte en ningún momento el servicio que requieres. De vuelta a casa te das cuenta de que la lámpara que has adquirido está totalmente rota y que, además, no guarda parecido alguno con el modelo que te mostraron en el catálogo, lo que hace que te sientas más que engañado, razón por la que decides transmitir una queja al respecto y, por supuesto, no volver a comprar en ese establecimiento, pasando a ser uno de los denominados clientes perdidos en la base de datos de su CRM.

En función de esto, identifica el departamento o la persona responsable de dar solución a este conflicto y elabora, mediante un procesador de textos, un informe donde se recojan de forma estructurada la situación detectada, conclusiones y alternativas que podrían suponer una mejora del servicio de atención al cliente de dicha empresa.

10. Resumen

El **servicio al cliente** se refiere a la relación que hay entre un proveedor de productos o servicios y las personas que utilizan o compran sus productos o servicios. Dicho de otro modo, se trata de la suma total de lo que hace una organización para satisfacer las expectativas de los clientes y generar su satisfacción.

El servicio al cliente implica la comprensión tanto de la naturaleza de los clientes, las características y beneficios de sus productos o servicios, como del proceso transaccional completo, esto es, desde el conocimiento inicial de un cliente potencial hasta la satisfacción posterior a la compra.

Los departamentos de atención al cliente suelen convertirse en receptores directos de los consumidores cuando estos se sienten insatisfechos con la calidad de los productos adquiridos o de los servicios contratados, pero lo cierto es que el **organigrama** de estos departamentos no es demasiado conocido a pesar de que cualquier empresa mediana debería contar con uno. Aunque existen varios tipos de organigramas posibles, el más común es el que tiene en su cúspide al gerente de atención al cliente.

En este sentido, el servicio de atención al cliente está evolucionando y la comprensión de la próxima generación de consumidores debe establecerse como una prioridad para los anunciantes, con el objetivo de saber hacia dónde enfocar sus esfuerzos. Conservar y retener clientes leales, así como mantener unos márgenes de beneficio saludables son factores cruciales, teniendo en cuenta que el servicio al cliente se ha convertido en el nuevo *marketing*.

Es por ello que en el proceso de **posicionamiento** de una marca, no solamente cuentan las acciones que se desarrollen desde la empresa, sino que también dependerá de los públicos de interés que afecten a la comunicación de la empresa y de las percepciones del consumidor, así como de las acciones desarrolladas por la competencia, todo ello sin olvidar lo fundamentales que resultan para la empresa los documentos implicados en la atención al cliente, en lo que a quejas y reclamaciones se refiere.

Ejercicios de autoevaluación
Unidad de Aprendizaje 1

1. **Identifica cuáles de los siguientes aspectos de la atención al cliente se dan después de la venta.**

   a. Servicios de gestión y apoyo.
   b. Sustitución del producto.
   c. Trazabilidad del producto.
   d. Garantía.

2. **¿En qué se centra el servicio a clientes distribuidores?**

   _____
   _____
   _____
   _____

3. **Indica cuáles son los principales servicios prestados por los *call centers*.**

   _____
   _____
   _____
   _____

4. **Determina si las siguientes afirmaciones son verdaderas o falsas.**

   a. La estructura organizativa formal analiza las relaciones que existen entre las personas de la organización.

   - Verdadero
   - Falso

   b. La estructura que analiza las relaciones entre los distintos elementos organizativos, buscando el logro de los objetivos empresariales, es la estructura organizativa formal.

   - Verdadero
   - Falso

c. Las estructuras organizativas informales pueden ser representadas por un organigrama.

- Verdadero
- Falso

5. **¿Cómo se denomina el tipo de departamentalización consistente en agrupar las actividades semejantes según su función principal?**

a. Departamentalización funcional.
b. Departamentalización por productos.
c. Departamentalización por turnos.
d. Departamentalización por procesos.

6. **Identifica cuáles de las siguientes afirmaciones son correctas respecto al *marketing* transaccional.**

a. Está orientado al corto plazo.
b. Tiene como objetivo atraer y fidelizar clientes.
c. Es un tipo de *marketing* orientado al cliente.
d. Hace poco énfasis en el servicio al cliente.

7. **Ordena las etapas del *marketing* relacional.**

__ Crear comunidad de usuarios
__ Desarrollar
__ Identificar
__ Fidelizar
__ Informar y atraer
__ Vender
__ Satisfacer
__ Servir

8. **Identifica si las siguientes afirmaciones son verdaderas o falsas.**

a. Las expectativas del cliente son el valor que el cliente considera que ha logrado tras la adquisición de un producto o servicio.

- Verdadero
- Falso

b. La insatisfacción se origina si el valor percibido por el producto no alcanza las expectativas del cliente.

- Verdadero
- Falso

9. Según la pirámide de Maslow, ¿en qué categoría se engloban las necesidades de autorreconocimiento, respeto, prestigio y destacar dentro de un grupo social?

a. Autorrealización
b. Necesidades de estima
c. Necesidades sociales
d. Necesidades de seguridad

10. Ordena los pasos a seguir para la realización de un cuestionario.

__ El orden de las preguntas.
__ La formulación de preguntas.
__ La prueba piloto.
__ La información que habrá de ser obtenida.
__ La forma del cuestionario.

11. Identifica si las siguientes afirmaciones son verdaderas o falsas.

a. Los datos secundarios son aquellos que la empresa había obtenido en estudios anteriores, es información que existe y se recolectó para otro propósito.

- Verdadero
- Falso

b. Según la naturaleza de la información, se pueden distinguir las fuentes de información internas y externas.

- Verdadero
- Falso

Calidad en la presentación del servicio de atención al cliente

Contenido

Objetivos

Los objetivos específicos de esta Unidad de Aprendizaje son:

→ Analizar las características de una empresa/organización para transmitir la imagen más adecuada.

→ Aplicar los procedimientos adecuados para la obtención de la información necesaria en la gestión del control de la calidad del servicio prestado por una empresa/organización.

1. Introducción

La **calidad en la prestación del servicio al cliente** no debe entenderse como un tema reciente dentro de la empresa, ya que los clientes han exigido desde siempre la mejor atención al adquirir un producto o servicio, además de otros **aspectos relacionados con los precios, la calidad e incluso la innovación** por parte de la misma; de este modo, las empresas se han visto obligadas a buscar alternativas que les permitan cubrir dichas exigencias.

Hoy en día, existe una feroz competencia entre las empresas por ser las primeras en lograr la atención del cliente, por lo que es necesario que cada una de ellas establezca sus propias **estrategias respecto a la calidad del servicio al cliente,** con el fin de poder implantarla correctamente dentro de su política, ampliando así su cartera de clientes y desarrollando un **ambiente de mayor confianza,** tanto para sus trabajadores como para sus clientes actuales y futuros.

El **servicio al cliente** ha cobrado fuerza en base al aumento de la competencia, ya que mientras más numeroso sea, mayores oportunidades tendrán los clientes de decidir en qué lugar desean adquirir el producto o servicio que necesitan. Es justamente en este punto donde radica la **importancia de perfeccionar y adecuar el servicio a las posibles necesidades de los clientes.** Así, para poder familiarizarse con la calidad en el servicio al cliente es fundamental conocer los conceptos básicos del mismo, esto es, calidad, servicio, calidad en el servicio, cliente, atención al cliente y calidad en la atención al cliente.

Para el desarrollo del contenido nos basaremos en la prestación del **servicio de atención al cliente** del grupo **LIMPISA, S. L.,** empresa dedicada a la comercialización y fabricación de maquinaria y productos de limpieza, tal y como hemos visto en la unidad anterior.

2. Procesos de calidad en la empresa

☞ HILO CONDUCTOR

Ante la sucesión de quejas emitidas por los clientes, la dirección del grupo LIMPISA ha optado por aplicar una serie de modificaciones a su política de atención al cliente, con objeto de paliar los efectos negativos generados por dichas quejas. En este sentido, lo primero que ha hecho ha sido transmitir los citados cambios a toda la organización, en especial al equipo de atención al cliente de la misma, con la intención de transformar la cultura existente en el seno de la empresa en una cultura de servicio al cliente.

La definición de calidad nunca puede ser precisa, ya que se trata de una apreciación subjetiva; no obstante, la calidad normalmente se entiende como una **propiedad o conjunto de propiedades inherentes a una cosa,** que permiten que esta sea comparada con otras de su misma especie.

De esta forma, la calidad puede analizarse desde diferentes ángulos. **Centrándose en el producto,** calidad significa diferenciarse tanto cualitativa como cuantitativamente respecto a algún atributo requerido; en cambio, **si hace referencia al usuario,** la calidad requiere satisfacer sus necesidades y deseos.

Esto significa que la calidad de un producto depende de la forma en que este responda a las preferencias del cliente y su capacidad de diferenciación. Es decir, la calidad depende de la:

El **concepto de calidad** no ha permanecido inalterado a lo largo del tiempo, sino que ha ido evolucionando. A continuación, se describen las distintas etapas por las que ha ido pasando el concepto de calidad y sus diferentes objetivos.

	Concepto	Finalidad
Etapa artesanal	Se trata de hacer las cosas bien sin importar los costes o esfuerzos necesarios para ello.	Satisfacer al cliente. Satisfacer al artesano por el trabajo bien hecho. Crear un producto único.
Revolución industrial	Hacer muchas cosas sin importar que sean de calidad (se identifica producción con calidad).	Satisfacer una gran demanda de bienes. Obtener beneficios.
Segunda guerra mundial	Asegurar la eficacia del armamento sin importar el costo, con la mayor y más rápida producción (Eficacia + Plazo = Calidad).	Garantizar la disponibilidad de un armamento eficaz en la cantidad y el momento preciso.
Etapa posguerra (Japón)	Hacer las cosas bien a la primera.	Minimizar costes mediante la calidad. Satisfacer al cliente. Ser competitivo.
Etapa posguerra (resto del mundo)	Producir, cuanto más mejor.	Satisfacer la gran demanda de bienes causada por la guerra.
Etapa control de calidad	Técnicas de inspección en producción para evitar la salida de bienes defectuosos.	Satisfacer las necesidades técnicas del producto.
Etapa aseguramiento de la calidad	Sistemas y procedimientos de la organización para evitar que se produzcan bienes defectuosos.	Satisfacer al cliente. Prevenir errores. Reducir costes. Ser competitivo.
Etapa calidad total	Teoría de la administración empresarial centrada en la permanente satisfacción de las expectativas del cliente.	Satisfacer tanto al cliente externo como interno. Ser altamente competitivo. Mejora continua.

NOTA

La calidad no solo se ha transformado en uno de los requisitos fundamentales del producto, sino que hoy en día constituye un elemento estratégico clave al que obedecen la mayoría de las organizaciones para asegurar su supervivencia.

2.1. Gestión de la calidad en la empresa

Las empresas actuales saben que para permanecer en los mercados y garantizar una buena participación deben tener presente que la calidad es un factor muy importante a tener en cuenta, de ahí que sea necesaria la adopción de un sistema orientado a la calidad que favorezca los logros y objetivos establecidos.

Dicho esto, el **Sistema de Gestión de la Calidad (SGC)** no es más que un conjunto de actividades empresariales, planificadas y controladas que se realizan sobre una serie de elementos para lograr la calidad. Entre los elementos que conforman este sistema se encuentran los siguientes:

Estructura organizacional
- Es la forma en que la empresa organiza a su plantilla según unas funciones y tareas, concretando así el papel que cada uno desempeña en la misma. Es decir, sería el organigrama que establece la empresa para alcanzar sus objetivos.

Planificación
- Supone las actividades que permiten a la empresa diseñar un plan para alcanzar los objetivos que se ha planteado.

Recursos
- Constituyen todo aquello que será necesario para poder conseguir materializar los objetivos de la organización (personas, equipos, infraestructura, dinero, etc.).

Procesos
- Son aquellos conjuntos de actividades que convierten elementos de entradas en productos o servicios. Todas las organizaciones desarrollan procesos, aunque no siempre están identificados.

Procedimientos
- Se definen como el conjunto de pasos que se precisan para poder transformar los elementos de entradas del proceso en productos o servicios.

Los actuales sistemas de gestión de calidad se basan en una serie de procesos, cuyos requisitos vienen recogidos en el contenido de la **Norma**

NTP-ISO 9001:2015 (sistema de gestión de la calidad, responsabilidad de la dirección, realización del producto, gestión de los recursos, y medición, análisis y mejora).

Todos estos elementos están vinculados entre sí y su gestión se lleva a cabo mediante tres procesos: **planear, controlar y mejorar,** los cuales deben ser implantados atendiendo a un orden lógico.

Planificación de la calidad

La planificación de la calidad se define como el conjunto de actividades destinadas a fijar los requisitos y objetivos aplicables a los elementos de un sistema de calidad.

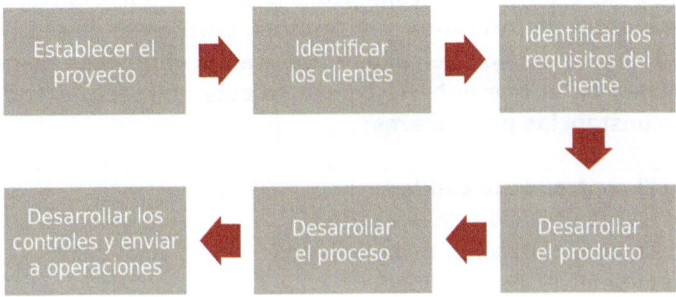

Control de la calidad

El **control de la calidad** lleva a cabo diversas operaciones para conservar la estabilidad e impedir cambios desfavorables. Para proteger esta estabilidad se mide el desempeño actual y se compara con las metas fijadas para tomar acciones en las diferencias que se encuentren.

 SABÍAS QUE...

J. M. Juran, uno de los grandes teóricos de la calidad, estableció en su trilogía tres procesos del Sistema de Gestión de Calidad: planear, mejorar y controlar la calidad, que han contribuido decisivamente al desarrollo de la misma.

Mejora de la calidad

La mejora de la calidad engloba todas las actividades que arrastran a la organización hacia un logro de mayores niveles de desempeño; de esta forma, para que un sistema de gestión de la calidad falle será suficiente con que se produzca un error en alguno de los cinco elementos descritos anteriormente.

 **APLICACIÓN PRÁCTICA**

Pintacolor, S. L., empresa nacional especializada en servicios de pintura tanto industrial como decorativa, acaba de irrumpir en el mercado. Dentro de un mes comenzará la producción, distribución y venta de pintura de interiores y exteriores, pero antes desea implantar un sistema de gestión de calidad. Determina el proceso de gestión de la calidad en el que debería centrarse esta empresa, atendiendo a sus circunstancias particulares:

a. El control de la calidad.
b. La planificación de la calidad.
c. La administración de la calidad.
d. El análisis de la calidad.

Solución

Teniendo en cuenta que la empresa es nueva, deberá centrarse en la planificación de la calidad. Los procesos restantes se irán viendo conforme vaya evolucionando su producción.

2.2. Beneficios de un Sistema de Gestión de la Calidad

Los beneficios que aporta un sistema de gestión de calidad podemos enfocarlos como los propios para la organización en sí y los beneficios para los clientes:

Incrementar la satisfacción de los clientes
- Gracias al SGC (Sistema de Gestión de Calidad), la empresa puede planificar con mayor exactitud sus actividades, de acuerdo con las características de sus clientes y no solo los requisitos que establezca la organización. Así, la calidad se integra en el producto o servicio desde la planificación, generando clientes satisfechos.

Disminuir la inestabilidad en los procesos
- El SGC (Sistema de Gestión de Calidad) regula los procesos de una organización, por lo que se reduce la posible variación que puedan presentar estos. De esta manera, aumenta la capacidad de producir productos de calidad.

Reducir costes y desperdicios
- Con el SGC (Sistema de Gestión de Calidad) se ayuda a crear una cultura de análisis de datos. De este modo, la organización se esfuerza por detectar oportunidades de mejoras y corregir problemas potenciales, lo que conlleva que esta tenga numerosos ahorros en recursos.

Mayor rentabilidad
- La rentabilidad de la empresa aumenta, pues el SGC ayuda a la organización a aumentar la satisfacción de los clientes y a reducir costes y desperdicios.

Hay que tener en cuenta que la calidad del servicio solo es un factor de la satisfacción del cliente y considerar que esta forma parte, en muchos casos, de la propuesta de valor de la competencia.

2.3. Las normas ISO 9000

 **HILO CONDUCTOR**

Una vez transmitida la modificación de la política de atención al cliente, los directivos de LIMPISA han reunido a sus trabajadores para explicarles los criterios en los que estará basada la nueva política, esto es, identificación y trazabilidad de los procesos, satisfacción de los clientes y objetividad, con el fin de detectar tanto los puntos fuertes como aquellos en los que la empresa debe mejorar mediante la aplicación de acciones correctivas. Justamente en

Continúa en página siguiente >>

<< Viene de página anterior

este punto, Andrés, el responsable del servicio de atención al cliente asintió varias veces con la cabeza, dejando entrever las numerosas incidencias que se producían en su departamento.

Las normas ISO 9000 son **normas técnicas internacionales sobre los sistemas de calidad aceptadas y validadas mundialmente,** que consisten en una serie de procedimientos y directrices que le permiten homogeneizar lenguajes y bases técnicas a nivel mundial, con el fin de seleccionar y mejorar procesos.

Estas normas se pueden aplicar a cualquier industria, producto o servicio, y constan de requisitos y directrices para establecer sistemas de calidad dentro de una organización, permitiéndole efectuar transacciones con cualquier organización en el mundo, con menor riesgo y mayor confianza.

Los **objetivos** de las normas ISO 9000 son:

- ⮞ **Sistema de aseguramiento:** establecimiento de sistemas de aseguramiento de la calidad que garanticen el buen funcionamiento de la empresa y la satisfacción de sus clientes.
- ⮞ **Sistema de calidad:** ayudar a desarrollar un sistema de calidad a nivel mundial, productos de calidad consistente y una buena relación con los clientes.
- ⮞ **Sistema de administración:** definir el sistema de administración de las actividades que pueden influir en la calidad de un producto.

Las normas ISO 9000 presentan tres **componentes básicos:**

- **Administración:** ISO 9000 provee un sistema para alcanzar el progreso de la organización mediante la realización de metas estratégicas, comprensión de las necesidades de los usuarios, productividad, etc., por medio de acciones correctivas y preventivas.
- **Aseguramiento de la calidad:** ISO 9000 es dinámico, ya que envuelve muchas facetas de la organización como, por ejemplo, el establecimiento y documentación de los sistemas de ventas, de compras, de producción, de almacenamiento, etc.
- **Sistema de calidad:** ISO 9000 requiere que la organización documente los procedimientos y los ponga en práctica, de tal forma que, si se realiza un cambio, se registre también por escrito. Es necesario contar con una base documental que se ajuste por completo a la realidad.

Los **beneficios** que aporta son tanto externos como internos:

Internos	Externos
- Mejor documentación:	- Una percepción mayor de la calidad:
- Mayor conocimiento de la calidad. - Cambio "cultural" positivo. - Incremento de la eficiencia y productividad operacional. - Mejora de la comunicación. - Reducción de costos (desperdicio y reproceso).	- Se mejora la satisfacción del cliente. - Es una ventaja competitiva. - Reducción de auditorías de calidad por parte del cliente. - Aumento de la participación en el mercado.

Sin embargo, obtener la certificación de los sistemas de la calidad ISO 9000 no resulta tan sencillo, ya que existen una serie de **barreras** que lo dificultan:

- Creación de procedimientos.
- Falta de compromiso de la dirección.
- No seguir los procedimientos establecidos.
- Resistencia por parte de los empleados.
- Interpretaciones conflictivas.
- Requerimientos de entrenamiento.
- Tiempo de implementación exigido.
- Políticas o procedimientos "heredados".
- Implementación de acciones correctivas.
- Calibración de instrumentos y/o equipos.
- Falta de información.

Finalmente, una vez superadas las barreras, obtendremos la certificación de sistemas de la calidad ISO 9000.

SABÍAS QUE...

En España, la empresa acreditada por la Entidad Nacional de Acreditación (ENAC) para la certificación de sistemas de la calidad ISO 9000 es AENOR.

No obstante, la implementación de las **normas ISO 9000** no es el último paso que una empresa debe dar; de hecho, es solamente el principio. Las **normas ISO 9000** ayudan a construir el esqueleto para el SGC de la organización y es a partir de entonces cuando hay que empezar a ajustar estas normas a las características de la empresa.

VÍDEO

Observa el siguiente vídeo sobre las normas de la serie ISO 9000 para averiguar cuáles son sus objetivos.

https://redirectoronline.com/uf00360201

ACTIVIDAD COMPLEMENTARIA

4. Tras la visualización del vídeo sobre la norma ISO 9000, identifica los elementos y objetivos que permiten diferenciar cada una de las normas que componen la serie de normas 9000 y determina la relación que hay entre las normas mencionadas y el concepto de calidad total.

2.4. El manual de calidad, los procedimientos y la documentación operativa

La base de un sistema de calidad se compone de varios documentos. Por un lado, los denominados **manuales de aseguramiento** de la calidad, compuestos por el manual de calidad y el manual de procedimientos; por otro, los **documentos operativos.**

DOCUMENTACIÓN INTEGRANTE DEL SISTEMA DE CALIDAD

Manuales de aseguramiento de la calidad	Manual de calidad	Define el conjunto de la estructura, responsabilidades, actividades, recursos y procedimientos genéricos que una organización establece para llevar a cabo la gestión de la calidad. Nos dice qué y quién.
	Manual de procedimientos	La definición específica de todos los procedimientos que aseguren la calidad del producto final. Cómo y cuándo.
Documentos operativos	Conjunto de documentos que reflejan la actuación diaria de la empresa.	

 TAREA 7

A partir de la caracterización de los establecimientos hoteleros que aparecen a continuación, describe las funciones del Departamento de Atención al Cliente en cada uno de ellos, así como su función en el proceso de calidad.

Continúa en página siguiente >>

<< Viene de página anterior

Establecimiento 1: hotel

Hotel con 9 años de antigüedad, cuyo funcionamiento en sentido general resulta complejo por su servicio y por sus expectativas como entidad, ya que pretende posicionarse en un entorno competitivo como el hotel preferido por los hombres de negocios del área que ocupa.

El hotel cuenta con un gran número de habitaciones y amplia extensión de zonas verdes, además de valores añadidos (gimnasio, peluquería, centro de negocios, servicios médicos...) y una estructura organizativa de difícil representación por la diversidad de los departamentos que la componen. La interconexión de estos es rígida por naturaleza, en contraposición con el carácter dinámico que ofrece el siguiente establecimiento. Pero dispone de un Departamento de Atención al Cliente, en el que seis profesionales se encargan de atender las reservas, consultas, dudas y sugerencias de los clientes.

Establecimiento 2: hostal

Hostal céntrico de 2 estrellas, acogedor y moderno, de agradable diseño y con un servicio altamente personalizado. Sus 12 habitaciones cuentan con un diseño actual, que cuida hasta el último detalle. El establecimiento es regentado por una mujer mayor que, además de dirigir el hostal, gestiona las llamadas telefónicas y demás consultas de los clientes.

---

3. Concepto y características de la calidad de servicio

☞ HILO CONDUCTOR

Después de solventar las dudas relacionadas con la introducción de la nueva política, Andrés ha reunido a su equipo para presentarles por escrito las directrices del plan de atención al cliente que está elaborando; de hecho, le ha pedido a dos de sus miembros que simulen una supuesta conversación con un cliente dado. Una vez que han terminado, les ha preguntado por los errores cometidos y ninguno de ellos le ha sabido responder, así que Andrés tiene mucho trabajo por hacer.

La **calidad** es el nivel de excelencia que la empresa ha escogido alcanzar para satisfacer a su clientela clave, representando, al mismo tiempo, la medida en que se logra dicha calidad.

DEFINICIÓN

Clientela clave
Es aquella que por sus expectativas y sus necesidades impone a la empresa el nivel de servicio que debe alcanzar.

Hoy en día, tanto en el terreno industrial como en el del gran consumo, los mercados se segmentan cada vez más de acuerdo con la **diversidad creciente de los clientes.**

Ante la diversidad de necesidades, cada servicio debe seleccionar una clientela clave, ya que la tentación de satisfacer a todos ha pasado a ser el medio más seguro de fracasar.

En el mundo de los servicios, calidad no significa necesariamente lujo, pues un servicio alcanza su nivel de excelencia cuando responde a las demandas de un determinado grupo. Así, cada nivel de excelencia debe responder a un cierto valor que el cliente esté dispuesto a pagar, en función de sus deseos y necesidades.

DEFINICIÓN

Calidad
Propiedad o conjunto de propiedades inherentes a una cosa que permiten apreciarla como igual, mejor o peor que las restantes de su especie.

La **conformidad** es el tercer parámetro de la calidad. Se trata de mantener el nivel de excelencia en todo momento y en todo lugar. El respeto de las normas es uno de los aspectos más difíciles de la gestión de la calidad de los servicios. Cuanto más se ofrezca un servicio en lugares diferentes o a través de intermediarios diferentes, mayor es el riesgo de desviación con respecto al nivel de excelencia.

Con independencia de que el comportamiento humano intervenga más o menos en la oferta del servicio o de que se ofrezca o no en múltiples lugares o a través o no de un intermediario, el objetivo es reducir la diferencia entre el servicio realmente ofrecido y el nivel de excelencia que se persigue.

Desde un punto de vista económico, los servicios constituyen aquellas actividades que intentan satisfacer las necesidades de los clientes. Los servicios vienen a ser lo mismo que un bien, solo que de forma intangible. En otras palabras, el servicio es el conjunto de prestaciones que el cliente espera, además del producto o del servicio básico, como consecuencia del precio, imagen y reputación del mismo.

 EJEMPLO

El comprador de un Mercedes espera cierto número de prestaciones antes, durante y después de la compra propiamente dicha: demostraciones, prueba del vehículo, soluciones financieras a su medida, reparaciones rápidas o, mejor, cero averías y la posibilidad de recompra de su viejo Mercedes.

En este sentido, el servicio presenta dos componentes: el **grado de despreocupación** y el **valor añadido para el cliente,** factores que interesan al comprador de un automóvil, de un teléfono móvil de última generación o de un ordenador, además de la utilidad y las prestaciones técnicas del producto.

3.1. Objetivos de la calidad en el servicio

Ofrecer un servicio de calidad persigue varios objetivos, entre los que cabe destacar, por supuesto, **satisfacer al cliente;** no obstante, este sería un objetivo genérico, que a su vez puede desglosarse en otra serie de **objetivos más específicos:**

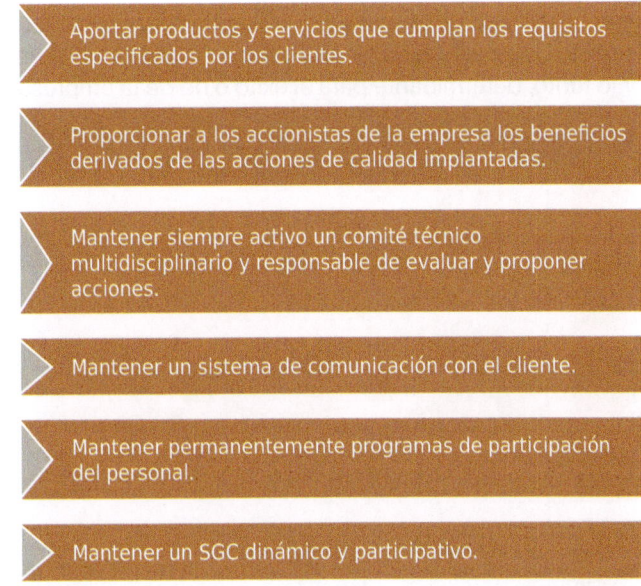

Aportar productos y servicios que cumplan los requisitos especificados por los clientes.

Proporcionar a los accionistas de la empresa los beneficios derivados de las acciones de calidad implantadas.

Mantener siempre activo un comité técnico multidisciplinario y responsable de evaluar y proponer acciones.

Mantener un sistema de comunicación con el cliente.

Mantener permanentemente programas de participación del personal.

Mantener un SGC dinámico y participativo.

3.2. Importancia de la calidad en el servicio

El servicio al cliente es uno de los factores que ha cobrado mayor fuerza conforme al aumento de la competencia, ya que mientras mayor presencia tenga, mayor será la oportunidad de los clientes de decidir dónde adquirir el producto o servicio que están buscando; de ahí, la importancia de **adecuarlo a las necesidades de los clientes,** ya que son ellos los que tendrán la última palabra a la hora de decidir.

El personal que presta los servicios y la atención al cliente en un negocio, debe poseer una serie de **habilidades y características,** que contribuirán a la calidad del mismo:

- ➲ Amabilidad
- ➲ Honestidad
- ➲ Formalidad
- ➲ Profesionalismo
- ➲ Eficacia
- ➲ Eficiencia

La puesta en práctica de estas habilidades en el servicio proporciona a los clientes una **experiencia de compra y servicio de calidad** que permite establecer un vínculo positivo que, a su vez, favorece la lealtad del cliente a la empresa, lo cual suele ser un factor de crecimiento en el número de clientes y, por lo tanto, determinante para el éxito o no de la empresa.

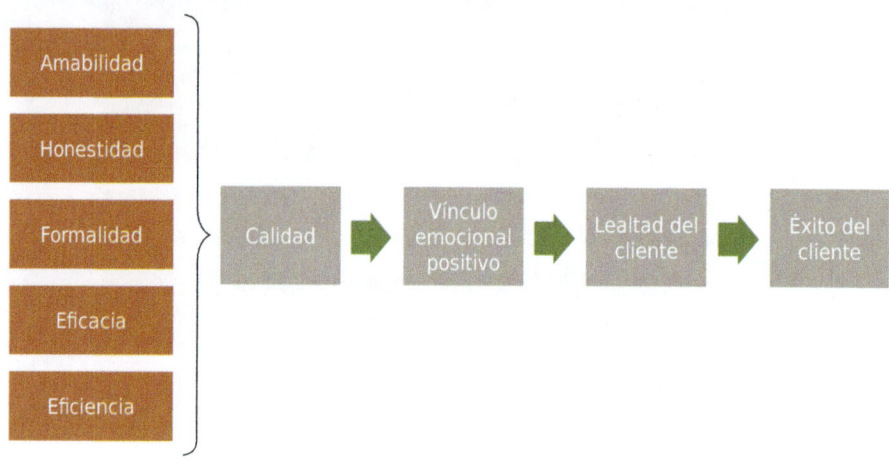

 **IMPORTANTE**

Hay que tener en cuenta que si la productividad de la empresa es baja puede deberse, entre otros factores, a un bajo nivel de calidad en la atención y servicio prestados al cliente.

Importancia de la calidad del servicio para el cliente selectivo

Los estudios más recientes demuestran que, en lo que a la calidad de servicio se refiere, la exigencia del cliente es cada vez mayor; sin embargo, dicha constatación resulta en sí insuficiente. Además, la **percepción de la calidad varía de un cliente a otro** y no es la misma para el comprador que para el proveedor.

De esta forma, la calidad del servicio se ha convertido en un factor fundamental en la decisión de compra. Hemos pasado del **consumidor voraz de los años sesenta a uno más selectivo y mejor informado;** por lo tanto, no puede sorprendernos que en tales condiciones la empresa triunfadora sea aquella que ofrezca el mejor servicio.

La actitud del cliente con respecto a la calidad del servicio cambia a medida que este va conociendo mejor el producto y mejora su nivel de vida. Teniendo en cuenta esto, las empresas deben adoptar **criterios de calidad adaptados a sus mercados** y seguir de cerca lo que se hace en otros lugares si quieren ser competitivas.

**Es necesario que las empresas enfoquen
sus estrategias hacia la calidad**

La calidad en los nuevos servicios

La **superioridad de un nuevo servicio** solo en contadas ocasiones resulta tan evidente para un cliente potencial como para su creador. Esto es tanto más cierto cuando la innovación se aparta de las normas vigentes o se centra en un servicio más inmaterial.

Así pues, la calidad resulta primordial en la comunicación de las **ventajas comparativas del nuevo producto o servicio.** Todo debe contribuir a reducir el riesgo percibido por el cliente: la imagen de la marca, la reputación, la garantía, la ayuda en la puesta en marcha, testimonios de satisfacción, documentación clara y abundante, disponibilidad de personal de ayuda e, incluso, la intervención directa del propietario.

Se trate de un producto nuevo o de uno de gran difusión, el cliente suele comparar la calidad del servicio con la que puede conseguir por sí mismo; no obstante, a igualdad de precios el cliente opta por la mejor calidad de servicio, mientras que si las calidades son similares, el cliente prefiere el servicio más barato.

Para valorar la calidad de un servicio, los clientes deben recurrir a signos indirectos concretos. Así, cuanto más complejo e intangible sea un servicio, más se aferrará a criterios inmediatamente ponderables como son la **apariencia física del lugar** y de las **personas**, el **precio** y el **riesgo percibido.**

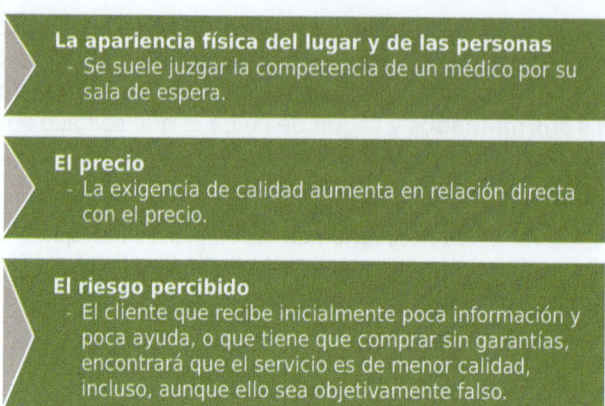

La apariencia física del lugar y de las personas
- Se suele juzgar la competencia de un médico por su sala de espera.

El precio
- La exigencia de calidad aumenta en relación directa con el precio.

El riesgo percibido
- El cliente que recibe inicialmente poca información y poca ayuda, o que tiene que comprar sin garantías, encontrará que el servicio es de menor calidad, incluso, aunque ello sea objetivamente falso.

De esta forma, cuanto más se valore un producto por sus características físicas, más se aprecian los factores indirectos como la experiencia ajena, la amabilidad de la acogida, la claridad de la información o la credibilidad de la empresa. Asimismo, al valorar la calidad de un servicio, el cliente no disocia sus componentes, esto es, la juzga como un todo, en el que prevalece la impresión de conjunto y no el éxito relativo de una u otra acción específica.

De cara a la venta de productos y servicios a escala mundial, la homogeneidad de la calidad se convierte en un factor competitivo aún más importante. Esta homogeneidad no se obtiene solamente extendiendo la calidad a todos los aspectos del servicio, sino también logrando una clientela coherente.

3.3. Calidad y satisfacción del cliente

Hoy en día, **alcanzar la plena satisfacción del cliente** resulta de gran importancia para las empresas, haciéndose de este modo un hueco en la mente de los consumidores que, en consecuencia, se convertirán en clientes. Así, el objetivo de conservar al cliente satisfecho debe incluirse en todos los departamentos de la organización (producción, recursos humanos, finanzas, etc.); si bien, este objetivo antes solamente formaba parte del área de *Marketing*. De esta forma, desde un punto de vista genérico, la satisfacción del cliente depende de dos factores fundamentales:

La calidad de los servicios	Las expectativas

La calidad de los servicios

La calidad de los servicios se traduce en la mente de los consumidores como rendimiento percibido.

Este rendimiento hace referencia al desempeño que el cliente considera haber logrado tras adquirir un producto o servicio, y se caracteriza por los siguientes rasgos:

- ⮥ Se determina desde el punto de vista del cliente.
- ⮥ Se apoya en los resultados obtenidos por el cliente con la compra del producto o servicio.
- ⮥ Se fundamenta en las percepciones del cliente.
- ⮥ En él influyen las opiniones vertidas por otras personas.
- ⮥ Depende del estado de ánimo del cliente y de sus razonamientos.

Las expectativas

Son las esperanzas que los clientes tienen de alcanzar algo y se producen por el efecto de algunas de las siguientes situaciones:

- ⮥ Promesas que hace la propia empresa acerca de los beneficios que brinda el producto o servicio.
- ⮥ Experiencias de compras anteriores.
- ⮥ Opiniones de amistades, familiares, conocidos y líderes de opinión.
- ⮥ Promesas que ofrecen los competidores.

 ## ACTIVIDAD COMPLEMENTARIA

5. Reflexiona sobre la relación que existe entre el rendimiento percibido y las expectativas de los clientes, y enumera las posibles causas de la diferencia entre el valor atribuido a un producto y lo que se espera del mismo.

Cliente satisfecho y cliente insatisfecho

Como se puede deducir, uno de los resultados más importantes de **prestar servicios de buena calidad** es la satisfacción del cliente. Dado que la satisfacción del cliente influye en su comportamiento, se trata de una meta muy valiosa para cualquier programa.

RECUERDA

Tras efectuar la compra o recibir un servicio, los clientes sienten uno de estos tres niveles de satisfacción:

- **Insatisfacción:** el cliente siente que el desempeño percibido del producto no alcanza sus expectativas.
- **Satisfacción:** el desempeño percibido del producto o servicio es igual a las expectativas del cliente.
- **Complacencia:** en esta ocasión, el desempeño percibido supera las expectativas del cliente.

Las **diferencias** entre un cliente satisfecho y un cliente insatisfecho son las siguientes:

Cliente satisfecho	Cliente insatisfecho
- El cliente está satisfecho cuando los servicios que recibe están a la altura de sus expectativas o las sobrepasan. Si las expectativas del cliente son bajas o si el cliente tiene acceso limitado a cualquiera de los servicios, puede ser que esté satisfecho con recibir servicios relativamente deficientes.	- El cliente se encuentra insatisfecho cuando los servicios que recibe no están a la altura de sus expectativas. Hay que tener especial cuidado con estos clientes y tratar de compensarlos de alguna manera, pues constituyen una fuente decisiva para crear una mala reputación de la empresa o servicio prestado.

 ## EJEMPLO

La satisfacción de los pacientes del sistema sanitario no es igual en Europa que en los países tercermundistas. En estos últimos, los pacientes se contentan con una deficiente atención médica que a nosotros nos parecería muy poco. Se sienten afortunados por el simple hecho de recibir medicamentos gratis.

En el entorno del mercado actual, las empresas han de tener presentes los **beneficios que reporta un buen servicio de atención al cliente,** ya que aquellos consumidores que disfruten de una buena experiencia comercial establecerán una relación sólida y fiel con la empresa que la proporciona:

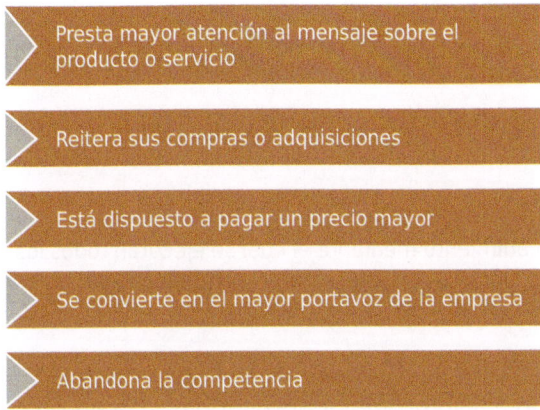

Presta mayor atención al mensaje sobre el producto o servicio

Reitera sus compras o adquisiciones

Está dispuesto a pagar un precio mayor

Se convierte en el mayor portavoz de la empresa

Abandona la competencia

Tras conocer en qué consiste la satisfacción del cliente, cómo alcanzarla y cuáles son los beneficios que reporta, es lógico plantearse la siguiente pregunta: ¿hasta qué punto debe invertir una empresa para lograr la satisfacción de sus clientes?

Nunca debe olvidarse que la finalidad de la empresa es la de conseguir que sus clientes estén satisfechos, pero de un modo rentable, es decir, debe encontrarse el equilibrio entre seguir generando más valor para lograr la satisfacción del cliente, pero sin que ello signifique sacrificar los beneficios de la empresa.

4. Ratios de control y medición de la calidad y satisfacción del cliente

La **función del control de calidad** existe fundamentalmente como una organización del servicio para conocer las especificaciones establecidas por la ingeniería del producto y proporcionar asistencia al Departamento de Fabricación para que la producción alcance dichas especificaciones.

En este sentido, llevar a cabo un preciso control de los procesos de servicio al cliente tiene dos funciones primordiales:

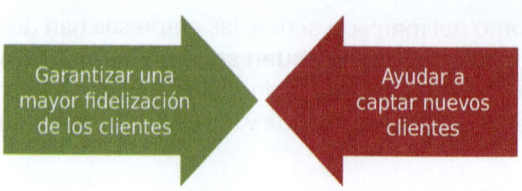

 **DEFINICIÓN**

Control de calidad

Es el procedimiento mediante el cual se ejecutan todos los mecanismos, acciones y herramientas que detectan el nivel de calidad de productos o servicios.

De esta forma, toda empresa que se precie debería someter los procesos internos de atención al cliente a un control. Si se desea obtener un **nivel de calidad del servicio siempre superior a la competencia,** será indispensable llevar cabo un seguimiento continuo de las políticas de atención, sus mecanismos y el capital humano involucrado.

 SABÍAS QUE...

Es un hecho contrastado que más del 20 % de las personas que rechazan comprar un producto o servicio basan esta decisión en la falta de información o atención cuando les atienden las personas encargadas. Ante dicha situación, se hace patente que la atención al cliente debe ser de la más alta calidad, con información concreta y precisa, con un nivel de atención adecuado para que la persona que recibe la información, no solo tenga una idea de un producto, sino además de la calidad del capital humano y técnico con el que va a establecer una relación comercial.

4.1. Elementos de control

En líneas generales, cualquier empresa debe mantener un estricto control sobre los procesos internos de atención al cliente, ya que está comprobado que más del 20 % de los usuarios que dejan de comprar un producto o servicio lo hacen como consecuencia de errores en la atención al cliente.

Ante esta situación, es necesario que la atención al cliente sea de la mayor calidad posible. En este sentido, existen **cinco elementos básicos a tener en cuenta** para llevar a cabo un seguimiento y/o control de los procesos de atención al cliente en las empresas.

Las necesidades de los clientes

Para analizar la atención al cliente, en primer lugar, es necesario que la empresa se plantee las cuestiones que aparecen a continuación y trate de responderlas:

¿Quiénes son mis clientes?	Se debe averiguar con exactitud quiénes son las personas que compran en mi empresa (clientes reales) y las que pueden comprar en ella (clientes potenciales).
¿Qué buscarán las personas que voy a tratar?	Se trata de conocer cuáles son las necesidades básicas (información, preguntas, material) de nuestros clientes.
¿Qué servicios brinda en este momento mi área de Atención al Cliente?	Con esta pregunta se trata de responder qué es lo que existe, cuáles son los rasgos de nuestra atención al cliente.
¿Qué servicios fallan al momento de atender a los clientes?	Establecer las deficiencias, empleando una actividad de autoevaluación.
¿Cómo contribuye el área de atención al cliente en la fidelización de la marca y el producto, y cuál es el impacto de la gestión de la atención al cliente?	Determinar la importancia que el proceso de atención al cliente, en particular, tiene en la empresa, en general.
¿Cómo puedo mejorar?	Diseñar políticas y estrategias para mejorar la atención.

Este análisis crea una base interna de información inicial que posteriormente servirá para analizar con más detalle el sistema de atención al cliente de la empresa, pero en principio nos sirve para obtener una visión de la situación en su conjunto.

RECUERDA

En la escala de necesidades propuesta por Abraham Maslow se pueden distinguir cinco tipos de necesidades ordenadas jerárquicamente: fisiológicas, seguridad, afiliación, estima y reconocimiento.

Análisis de los ciclos de servicio

Dentro del análisis de los ciclos de servicio será necesario determinar dos elementos fundamentales: por un lado, las tendencias temporales de la necesidad de atención de los clientes; por otro lado, las necesidades del cliente bajo parámetros de ciclos de atención.

Encuestas de servicio con los clientes

Muchas empresas piensan que la simple colocación de buzones de quejas va a mejorar su servicio de atención integralmente; sin embargo, un control de atención adecuado debe partir de la base de una información más especializada, donde el consumidor pueda expresar claramente sus preferencias, dudas o quejas de forma directa.

Siempre debe existir una persona responsable de controlar, atender e investigar sobre las preferencias, molestias, reclamos o aclaraciones de los usuarios. Además, los datos proporcionados por estos cuestionarios suelen resultar muy útiles en el control de la calidad, por lo que es aconsejable que cualquier miembro de la plantilla encargado de la atención al cliente se encuentre en condiciones de atender y dar solución a una queja o reclamación.

Evaluación del comportamiento de atención

En la atención al cliente el correcto funcionamiento del personal es decisivo. Por ello, hay que mantenerlo continuamente bajo control. A continuación, mostramos algunos de los aspectos que se incluyen en dicho control:

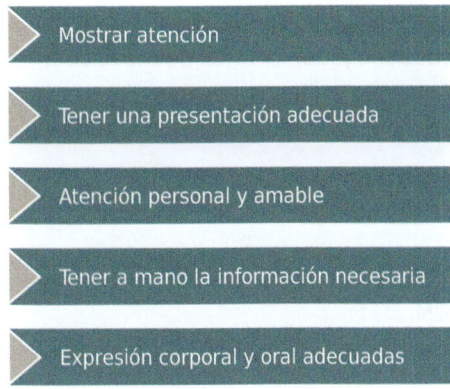

Motivación y recompensas

La motivación del trabajador resulta fundamental en la atención al cliente. El ánimo, la disposición de atención y las competencias nacen de dos factores básicos:

Valoración del trabajo	Hay que saber valorar el trabajo personalizado.
	Instrumentos: remuneración monetaria adicional, sistemas de bonos o comisiones, etc.
Motivación	Se deben mantener motivadas a las personas que ejercen la atención al cliente.
	Instrumentos: incentivos en empresa, mejores condiciones laborales, talleres de motivación, integración, dinámicas de participación, etc.

4.2. Métodos de evaluación de la calidad del servicio de atención al cliente

Es importante que la empresa u organización se preocupe periódicamente de conocer el nivel de calidad de la misma en general y de su servicio de atención al cliente en particular; de esta forma, la evaluación de la calidad puede definirse como el conjunto de todas aquellas actividades realizadas por una empresa, institución u organización en general que tienen por objeto el conocimiento de la calidad en esta. Normalmente, se usan modelos de calidad o referenciales que permiten estandarizar el proceso de la evaluación y sus resultados y, como consecuencia, comparar.

SABÍAS QUE...

Los modelos de calidad más extendidos en el mundo son Deming, Malcolm Baldrige y EFQM.

- -

En este sentido, la evaluación de la calidad puede llevarse a cabo a través de un proceso que consta de tres etapas claramente diferenciadas:

Evaluación interna
- La propia empresa es quien evalúa su calidad. Un comité de autoevaluación del área que se vaya a analizar elabora un informe donde se destacan los puntos fuertes y débiles, y el plan de mejora.

Evaluación externa
- Un comité formado por expertos externos revisa el informe de autoevaluación y también analiza la calidad por sí mismo; de esta forma, se evalúa la calidad y, en función de esto, se aportan sugerencias y recomendaciones. Este comité elabora el informe de evaluación externa.

Plan de mejoras
- Tras recibir el informe externo, el comité de autoevaluación lo somete a una fase de audiencia pública para recoger sugerencias y posteriormente redactar el plan de mejoras definitivo, considerando su informe de autoevaluación, el informe externo y las sugerencias recibidas.

El problema de la evaluación de la calidad de servicio percibida se ha tratado de resolver mediante el uso de instrumentos de medida diseñados a tal efecto.

 **TAREA 8**

José Miguel Herráez, trabajador del sector inmobiliario, acaba de presentar una queja al jefe de taller de un concesionario por daños y perjuicios, al no haber podido hacer uso de su coche durante las últimas tres semanas, teniendo en cuenta que el tiempo de espera para solucionar la avería era de tres a cinco días. El nivel de indignación del señor Herráez es tal que, tras comunicar la queja, se ha marchado directamente a la oficina del consumidor más cercana, con objeto de presentar una reclamación.

En función de esto, describe los métodos de evaluación que podría emplear el concesionario para evaluar la calidad del servicio prestado al señor Herráez.

- -

Auditorías de calidad

Hoy en día, cualquier empresa tiene la necesidad de demostrar su responsabilidad con el **Sistema de Gestión de Calidad implantado** (SGC). En esta línea, la práctica asociada de auditoría de calidad se ha convertido en una manera de satisfacer esta necesidad.

Así, una **auditoría** constituye una **herramienta de control y supervisión,** que contribuye a la creación de una cultura de la disciplina de la organización y permite descubrir los errores en las estructuras o vulnerabilidades existentes en la organización, en relación a las cuales es necesario tener claros una serie de conceptos:

- **Criterio de auditoría:** son las políticas, prácticas, procedimientos o requerimientos con los que el auditor contrasta la información recopilada sobre la gestión de calidad. Es el ideal al que se debe aspirar.
- **Evidencia de auditoría:** es la información que se obtiene sobre la empresa cuya calidad está siendo evaluada. Estos hechos tienen que ser verificables. La evidencia de auditoría puede ser cualitativa o cuantitativa. La evidencia de auditoría puede ser conseguida mediante entrevistas, revisión de documentos, observación de actividades y condiciones, resultados de mediciones y pruebas.
- **Resultados de la auditoría:** tras la evaluación de la auditoría se obtienen unos resultados de la evaluación. Se trata de poner nota a la calidad de la empresa, en qué se ha fallado y en qué se ha acertado.

- **Equipo auditor:** es el grupo de auditores (o un auditor individual) encargados de desarrollar una auditoría determinada. El equipo auditor puede incluir expertos técnicos y auditores en prácticas.
- **Auditado:** es la empresa que se somete a la auditoría.
- **Auditor (calidad):** es la persona calificada para realizar auditorías de calidad.
- **Auditoría de calidad:** proceso sistemático, documentado y de verificación objetiva para obtener y evaluar la evidencia de la auditoría y determinar qué actividades (eventos, condiciones, sistemas gerenciales, de calidad o información referente a estos aspectos) cumplen con los criterios de auditoría, y la comunicación de los resultados de este proceso al cliente.
- **Auditor líder (calidad):** dentro del equipo auditor, uno de sus miembros es el que desempeña la función de jefe.
- **Experto técnico:** no participa como auditor, pero asesora al equipo auditor a través de sus conocimientos y experiencia.

 EJEMPLO

Accede al siguiente enlace para ver el informe de una auditoría de calidad UNE-EN ISO 9001:2015 Sistemas de gestión de la calidad. Requisitos y la UNE-EN ISO 19011:2018 Directrices para la auditoría de los sistemas de gestión.

https://redirectoronline.com/uf00360202

Las auditorías pueden ser internas o externas, pero con independencia de la tipología a la que pertenezcan, todas constan de las siguientes **etapas:**

Planificación	- Los tipos de auditorías que se van a realizar. - La plasmación documental de los procedimientos de realización de las mismas. - La temporalización.
Realización de auditorías según procedimiento y plan definidos	- Es aconsejable que el personal que va a ser auditado lo sepa de antemano. - Lo mejor es que la realización de auditorías sea sistemática. - Los documentos que recojan los resultados de las auditorías deben estar consensuados entre auditor y auditado.
Evaluación de los resultados de la auditoría	- El objetivo es obtener una nota final que sirva para evaluar la efectividad del sistema, mediante la medición de la evolución, tanto de la implementación del sistema como de la calidad del producto. - Esto permitirá establecer las acciones correctoras, determinar el grado de cumplimentación del sistema y su relación con la calidad del producto final.

RECUERDA

La realización de la auditoría sobre una empresa implica llegar a la raíz de los distintos inconvenientes para tratar de superarlos, actuando sobre las verdaderas causas de los problemas y no sobre sus síntomas o causas más inmediatas o superficiales.

Auditorías internas

En la **norma ISO 9004:2018** se hace referencia a las auditorías del sistema de calidad, que corresponden a uno de los principios básicos de todo sistema. Se trata de las auditorías internas. Estas auditorías se realizan en el seno de la empresa como **autodiagnóstico del sistema de calidad** y comprobación de la efectividad de dicho sistema, para lograr que el producto o servicio cumpla los requisitos exigibles.

De esta forma, dentro de las denominadas auditorías internas se pueden distinguir dos tipologías básicas:

- ➲ **Auditorías del sistema:** realizan comprobaciones sobre el propio sistema de calidad, haciendo hincapié sobre el establecimiento e implantación del mismo.
- ➲ **Auditorías del producto:** comprueban que los productos o servicios se ajusten a los requerimientos exigidos, incidiendo sobre la efectividad del sistema para conseguirlo.

Cada uno de estos tipos de auditorías incluye variedades de **auditorías más específicas:**

Auditorías del sistema	Auditorías del producto
- Auditoría sobre la política de calidad - Auditoría sobre la organización - Auditoría del sistema documental - Auditoría del proceso	- Auditoría del producto - Auditoría de la evolución de la calidad del producto - Auditoría de la valoración de la calidad del producto

En ambos tipos de auditorías, además de la evaluación, siempre se incluye la **corrección de deficiencias** mediante el establecimiento de acciones correctoras, por medio de las cuales se trata de obtener información objetiva sobre el funcionamiento del sistema y su efectividad para conseguir un producto de calidad.

Auditorías externas

Las auditorías externas son necesarias para obtener la **homologación o certificación** del producto, servicio o sistema, y son llevadas a cabo por organismos competentes como AENOR o el propio Ministerio de Energía, Turismo y Agenda Digital.

 SABÍAS QUE...

La norma ISO 19011 se refiere específicamente a las reglas generales para las auditorías, auditores y gestión de programas de auditorías.

El cliente es lo más importante pero, ¿los profesionales de la atención están realmente preparados para dar el mejor servicio a los clientes?

 TAREA 9

El establecimiento que aparece a continuación acaba de iniciar un proceso de autodiagnóstico de su sistema de calidad, con el fin de comprobar la efectividad de dicho sistema. A partir de la visualización del vídeo, identifica las condiciones idóneas de la prestación del servicio que el dependiente ofrece a la clienta.

https://redirectoronline.com/uf00360204

4.3. Medidas correctoras

Una vez que se ha concluido la auditoría, llega el momento de **redactar el informe** y **proponer las correspondientes medidas correctoras;** no obstante, antes de presentar este informe y de elaborar definitivamente las medidas de corrección, es aconsejable que se celebre una reunión entre el auditor y el responsable máximo afectado por la auditoría, para que sea el primer informado, pudiendo de esta forma colaborar incluso en la propuesta de medidas correctoras.

Las **correcciones** y **acciones correctivas** forman parte del vocabulario básico de todos los sistemas de gestión. A continuación, se detallan sus diferencias e importancia para subsanar los errores en la calidad.

DEFINICIÓN

Corrección
Acción tomada para eliminar una no conformidad.

Acción correctiva
Acción tomada para eliminar la causa de una no conformidad detectada u otra situación indeseable.

Diferencias entre corrección y acción correctiva

Una **corrección** es el conjunto de actividades realizadas para eliminar o subsanar lo que no ha salido bien (no conformidad). Por su parte, la **medida correctiva** puede definirse como un conjunto de actividades promovidas para hacer que desaparezca la causa de algo que no ha salido bien (no conformidad).

 **EJEMPLO**

Para una mejor comprensión de los conceptos observa estos errores (no conformidad) de calidad, así como sus correspondientes correcciones y acciones correctivas:

NO CONFORMIDAD	CORRECCIÓN	ACCIÓN CORRECTIVA
Tras realizar una auditoría de calidad en una empresa productora de calzado, el auditor ha determinado que existen productos que contienen defectos en su fabricación.	Descartar los productos o reprocesarlos (si es posible).	- Descartar los productos o reprocesarlos (si es posible). - Detectar la causa. Por ejemplo, una pequeña avería en la máquina. Reparar la máquina e introducir los controles necesarios para asegurarse de que la máquina está correctamente.

Continúa en página siguiente >>

<< Viene de página anterior

NO CONFORMIDAD	CORRECCIÓN	ACCIÓN CORRECTIVA
Una importante empresa farmacéutica ha lanzado al mercado un nuevo producto dietético. Tras realizar una auditoría de calidad se ha determinado que las instrucciones del producto contienen errores.	Modificar las instrucciones, eliminando los errores.	- Modificar las instrucciones, eliminando los errores. - Identificar la causa. Por ejemplo, la falta de una revisión sistemática por parte de 2 o más personas. Definir un método de revisión más estricto e implantar dicho método.
No se ha realizado cierta actividad requerida por el sistema de gestión de la empresa como, por ejemplo, un control de calidad sobre el producto.	Efectuar las actividades no realizadas.	- Efectuar las actividades no realizadas. - Identificar la causa. Por ejemplo, el desconocimiento por parte de las personas encargadas de realizar la acción. Efectuar actividades de formación y concienciación con las personas afectadas.

En este esquema, pueden apreciarse claramente las diferencias existentes entre uno y otro concepto:

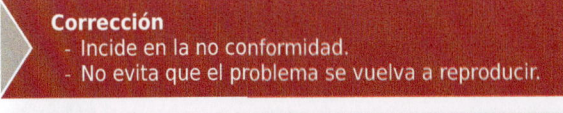

Corrección
- Incide en la no conformidad.
- No evita que el problema se vuelva a reproducir.

Acción correctiva
- Incide en la causa de la no conformidad.
- Persigue que el problema no se vuelva a producir.

Al producirse una no conformidad, es frecuente que se pongan siempre en marcha acciones correctivas; de hecho, en sistemas de gestión mal implantados, se inician acciones correctivas como respuesta a cualquier no conformidad, confundiendo en ocasiones la acción correctiva con la corrección. Otras veces las actividades que se llevan a cabo resultan insuficientes para lograr el resultado esperado: que la no conformidad vuelva a reproducirse.

En cierto modo, **una acción correctiva es un proyecto de mejora,** esto es, un reto que se plantea la organización para no volver a incurrir en los mismos errores.

PARA SABER MÁS

Escanea el siguiente código para conocer las diferencias existentes entre las acciones correctivas y las acciones preventivas, y cómo gestionarlas:

https://redirectoronline.com/uf00360203

ACTIVIDAD COMPLEMENTARIA

6. Enumera tres posibles acciones a llevar a cabo en un local dedicado a la venta de vinos y licores, para eliminar una no conformidad y determina las medidas correctivas que se aplicarían en cada caso.

Fórmula para averiguar la satisfacción del cliente

La satisfacción del cliente se puede calcular numéricamente a través de la siguiente fórmula:

> Rendimiento Percibido - Expectativas = Nivel de Satisfacción

Sin embargo, para aplicar esta fórmula, primero es necesario obtener los datos pertinentes mediante una investigación de mercado, es decir, el **rendimiento percibido** y las **expectativas del cliente antes de la compra.**

A continuación, se le asigna un valor a los resultados obtenidos. Por ejemplo, para el rendimiento percibido se puede utilizar una escala de 0 a 10, mientras que, en el caso de las expectativas, lo normal es emplear valores comprendidos entre 1 y 3. Por último, se aplica la fórmula.

 APLICACIÓN PRÁCTICA

En el hotel Clave, un lujoso alojamiento urbano de cuatro estrellas, acaban de realizar una investigación de mercado para averiguar el grado de satisfacción de sus clientes. En dicho informe se refleja numéricamente el rendimiento percibido que los clientes otorgan al servicio recibido y las expectativas iniciales de estos. Determina cómo son las expectativas y el valor que los clientes dan al servicio, teniendo en cuenta que el nivel de satisfacción es 7 - 3 = 4:

a. El rendimiento percibido no es malo (7); sin embargo, las expectativas de los clientes son elevadas (3), pues se trata de un hotel de cuatro estrellas.
b. El rendimiento percibido es malo (7) y las expectativas de los clientes son bajas, pese a tratarse de un establecimiento de cuatro estrellas.
c. Tanto el rendimiento percibido como las expectativas de los clientes son bajos, por lo que el hotel debe aumentar su calidad si quiere incrementar el nivel de satisfacción de los clientes.
d. El rendimiento percibido es bueno (7), pero las expectativas de los clientes son bajas (3), es decir, el valor atribuido con los clientes no coincide con la realidad del hotel.

Solución

Si la investigación de mercado ha dado como resultado que el rendimiento percibido ha sido bueno (valor: 7), pero las expectativas que tenían los clientes eran muy elevadas (valor 3), se realizará la siguiente operación: 7 - 3 = 4, lo cual significa que el cliente está insatisfecho.

Si identificamos los errores más comunes cometidos en torno a la atención al cliente y aprendemos a evitarlos, estaremos fortaleciendo claramente nuestra posición en cualquier mercado competitivo.

TAREA 10

Observa la imagen que aparece a continuación, en la que se puede apreciar un servicio de atención al cliente en el interior de una farmacia:

Describe cuáles son las incidencias más comunes que podrían darse durante la prestación del servicio entre ambos interlocutores (secreto profesional, discrepancia entre la prescripción médica y el juicio farmacéutico, etc.).

5. Resumen

Cualquier actividad o conjunto de actividades ligadas entre sí, que utiliza recursos y controles para transformar elementos de entrada en resultados, puede considerarse un proceso. Los resultados de un proceso han de tener un valor añadido respecto a las entradas, pudiendo constituir elementos de entrada del siguiente proceso.

Todas las actividades de la organización pueden y deben considerarse como procesos. La **gestión de procesos** no va dirigida a la detección de errores en el servicio, sino que la forma de concebir cada proceso ha de permitir evaluar las desviaciones del mismo, con la finalidad do corregir sus tendencias antes de que se produzca un resultado defectuoso.

De esta forma, la **calidad de servicio** juega un papel fundamental en aquellas organizaciones que quieran fijar su visión y obtener una posición reconocida y continuada en el tiempo. Hoy en día, se puede observar que el atributo que contribuye a que una organización se posicione en el largo plazo es la **opinión de los clientes** sobre el servicio que reciben.

La organización debe tener una finalidad. Si una organización se dedica a ofrecer **calidad en su servicio,** tiene una misión determinada que se encuentra influenciada por el concepto de calidad que la misma posea. En este sentido, los **elementos de control** y las **medidas correctoras** resultarán fundamentales para detectar, corregir y evitar las posibles no conformidades que se produzcan en el sistema de gestión de la calidad de una empresa u organización. Los ratios de control y medición de la calidad son:

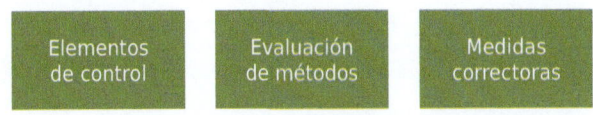

Para ello, es importante que la empresa u organización se preocupe periódicamente de conocer el nivel de calidad de la misma, en general, y de su servicio de atención al cliente en particular, aplicando procedimientos para la **evaluación de la calidad.**

Hoy en día, cualquier empresa tiene la necesidad de demostrar su responsabilidad con el **Sistema de Gestión de Calidad implantado** (SGC). En esta línea, la práctica asociada de **auditoría de calidad** se ha convertido en una manera de satisfacer esta necesidad, pudiendo ser las auditorías internas o externas.

Ejercicios de autoevaluación
Unidad de Aprendizaje 2

1. Cita y describe los elementos que integran un sistema de gestión de la calidad.

_____

_____

_____

_____

2. Identifica cuáles son los componentes básicos que presentan las normas ISO 9000.

    a. Administración, producción y control de calidad.
    b. Aseguramiento de la calidad, administración y ventas.
    c. Administración, aseguramiento de la calidad y sistema de calidad.
    d. Sistema de calidad, control de costes y administración.

3. Determina cuáles de los siguientes beneficios de un sistema de gestión de la calidad se consideran internos.

    a. Mayor conocimiento de la calidad.
    b. Es una ventaja competitiva.
    c. Se mejora la satisfacción del cliente.
    d. Mejora la comunicación.

4. Determina si las siguientes afirmaciones son verdaderas o falsas.

    a. Conservar a un cliente satisfecho es competencia exclusiva del Departamento de _Marketing_.

        ■ Verdadero
        ■ Falso

b. La calidad de los servicios se traduce en la mente del cliente como el rendimiento percibido.

- Verdadero
- Falso

5. ¿Cómo se denomina la situación en la que el desempeño percibido supera las expectativas del cliente?

a. Insatisfacción
b. Satisfacción
c. Complacencia
d. Superación de expectativas

6. Describe cuáles son las etapas del proceso de evaluación de la calidad de una empresa.

_____
_____
_____
_____
_____

7. Determina si las siguientes afirmaciones son verdaderas o falsas.

a. El criterio de auditoría son las políticas y procedimientos con los que el auditor contrasta la información recopilada sobre la gestión de la calidad.

- Verdadero
- Falso

b. La evidencia de auditoría es la información que se obtiene sobre la empresa cuya calidad está siendo evaluada.

- Verdadero
- Falso

8. **Identifica cuáles de las siguientes auditorías se encuentran englobadas por las auditorías del sistema.**

   a. Auditoría de la evolución de la calidad del producto.
   b. Auditoría del producto.
   c. Auditoría sobre la organización.
   d. Auditoría del sistema documental.

Aspectos legales en relación con la atención al cliente

Contenido

Objetivos

El objetivo específico de esta Unidad de Aprendizaje es el siguiente:

→ Aplicar los procedimientos adecuados para la obtención do la información necesaria en la gestión del control de la calidad del servicio prestado por una empresa/organización.

1. Introducción

En líneas generales, un comercio minorista es aquel que únicamente vende productos, es decir, que adquiere una mercancía a la que no le aplica ningún tipo de manipulación y la vende directamente a sus clientes. En este sentido, por mucho que sea *online,* a un *e-commerce* minorista se le aplicará la misma normativa que si de un establecimiento físico se tratara.

Asimismo, cuando se recoge cualquier dato de los usuarios se debe tener en cuenta la Ley Orgánica 3/2018 de 5 de diciembre de Protección de Datos Personales y garantía de los derechos digitales que trata aspectos que van desde el modo en que se recogen esos datos hasta cómo gestionar esas bases de datos o cómo utilizar los mismos. Y, por supuesto, no podemos obviar el contenido de la Ley 34/2002 de Servicios de la Sociedad de la Información y el Comercio Electrónico, con la que se adaptó la legislación española a toda la normativa europea relacionada con el *e-commerce,* aplicando aspectos tan importantes como la prestación de servicios, la obligación y normativa a la hora de comprar el dominio de una empresa, la defensa de los derechos ante proveedores de servicios *online* o cómo realizar comunicaciones comerciales vía electrónica.

A lo largo de la unidad trataremos los principales **aspectos legales en relación con la atención al cliente,** profundizando en los Servicios de la Sociedad de la Información y el Comercio Electrónico. Para ello, tomaremos como referencia el **grado de implicación en la atención a clientes de LIMPISA, S. L.,** empresa dedicada a la comercialización y fabricación de maquinaria y productos de limpieza, ubicada en un polígono industrial a las afueras de Valladolid.

2. Ordenación del comercio minorista

☞ HILO CONDUCTOR

Durante la última semana uno de los comercios minoristas del grupo LIMPISA S. L. ha permanecido abierto más allá del número de horas permitido por la normativa que lo regula (Ordenación del Comercio Minorista). Según parece, el gerente del local ha querido aprovechar la reciente apertura de una compañía internacional de servicios de limpieza en una de las calles colindantes al establecimiento. Lo curioso es que por el momento nadie lo ha denunciado.

En nuestro país, la competencia sobre el comercio interior se encuentra transferida a las comunidades autónomas, por lo que son estas las encargadas de regular el comercio minorista; si bien, la **Administración General del Estado** tiene la potestad de establecer normas básicas cuya finalidad sea la de ordenar la actividad general.

 PARA SABER MÁS

Escanea el siguiente código para consultar la Ley de Ordenación del Comercio Minorista.

https://redirectoronline.com/uf00360301

2.1. Contenido

La actualidad del sector de la distribución comercial en España es compleja y sería muy difícil agrupar la totalidad de empresas bajo un único criterio, de ahí que se expongan a continuación varios criterios para la clasificación de las denominadas **empresas de distribución comercial.**

Así, por ejemplo, la transposición de la directiva comunitaria de servicios en el mercado interior en el marco general regulador de la distribución comercial en España, por medio de la reforma de la Ley de Ordenación del Comercio Minorista, ha implicado dos consecuencias relevantes: la eliminación de la necesidad de autorización previa para instalar establecimientos comerciales y la transposición de los principios informadores de aquellos supuestos en los cuales la autoridad competente puede, de manera excepcional, exigir dicha autorización.

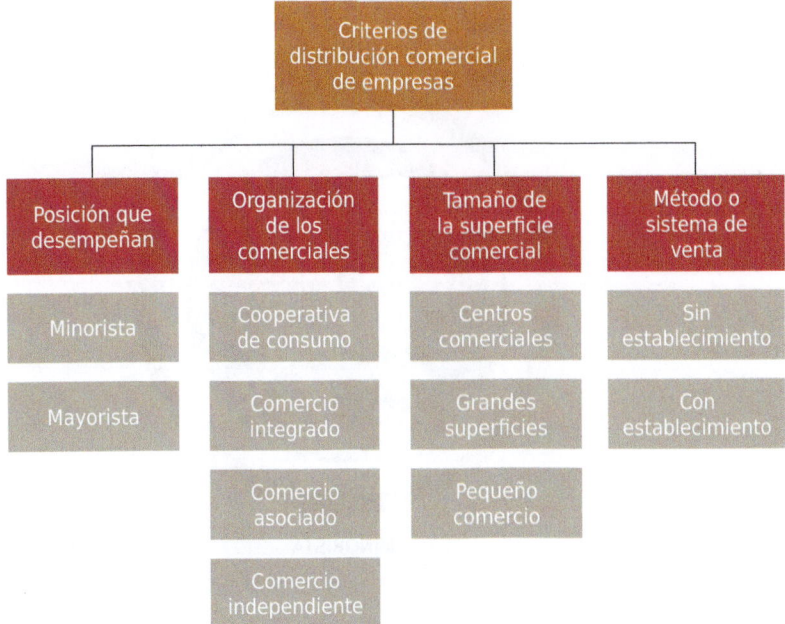

A continuación, se analizará la clasificación anterior de manera detallada.

Posición que desempeñan

En función de la posición que desempeñan las empresas en el canal de distribución, se pueden distinguir dos tipos:

- **Mayorista:** es el comercio en el que se vende y se compra al por mayor, es decir, hace de intermediario entre los fabricantes y los detallistas o minoristas. Un sencillo ejemplo serían los almacenes especializados en la venta de productos de limpieza del hogar que venden sus artículos a los supermercados y no a los consumidores finales.
- **Minorista:** es el comerciante al por menor, o sea, el establecimiento que opera entre el mayorista y el consumidor final. Se denomina también detallista. Un caso concreto de minorista sería la carnicería en la que habitualmente compramos carne.

Para simplificar aún más ambos conceptos recurriremos al siguiente esquema, en el cual se detalla tanto el camino que recorre el producto en el canal de distribución como las figuras de los comercios mayorista y minorista.

Recorrido de un producto hasta que llega al consumidor

FABRICANTE

MAYORISTA

MINORISTA

CLIENTE

Organización de los comerciantes

En función de cómo estén organizados los establecimientos comerciales, se puede distinguir entre:

- **Comercio independiente:** el tipo de comercio, ya sea mayorista o minorista, funciona de forma autónoma. Se trata de la tradicional tienda de barrio, caracterizada por sus pequeñas dimensiones y por su sistema de venta a través de mostrador. Suele dedicarse a un solo sector: tintorería, textil, calzado, mercería, etc.
- **Comercio asociado:** consiste en la unión de varios intermediarios, con el fin de conseguir una mejor posición en el canal de distribución, conservando la independencia de cada uno de ellos. Sería la fórmula de cooperación entre empresas de distribución. Esta asociación tiene como objeto obtener mejores precios, comprando mayores volúmenes; acceder de forma fácil y segura a nuevos mercados; abaratar determinados recursos o servicios especializados o generar otras ventajas análogas. Así se consigue una mejor posición en el canal de distribución y se sigue conservando la independencia en cada una de ellas. Por ejemplo, las cooperativas de consumidores, las cadenas voluntarias, las centrales de compra, las franquicias, etc.
- **Comercio integrado:** empresa que incluye las funciones de mayorista y minorista. Las principales formas comerciales que suelen adoptar son el gran almacén, almacén popular, supermercados, hipermercados y economatos.

➲ **Cooperativa de consumo:** personas individuales asociadas para comprar y vender productos y servicios en beneficio de sus miembros.

Tamaño de la superficie comercial

Atendiendo al tamaño de la superficie en la que el comercio desarrolla sus funciones, se distinguen los siguientes tipos:

➲ Pequeño comercio
➲ Grandes superficies
➲ Centros comerciales

Método o sistema de venta

En el siguiente esquema se presenta una clasificación de los tipos de comercio en función de su sistema de venta.

2.2. Implicaciones en la atención a clientes

En función de los tipos de comercios en los que tenga lugar la relación comercial, existen distintos modos de atención al cliente. A continuación, se analizará cada uno de ellos, diferenciando básicamente entre las grandes y las pequeñas superficies. En la atención al cliente es necesario tener en cuenta una serie de **valores apreciados por los consumidores** cuando van a realizar una compra, con independencia del tipo de comercio en el que estos lleva a cabo la adquisición:

- Un precio razonable.
- Un mínimo de calidad garantizado.
- Una atención personalizada y cordial.
- Un servicio eficiente de entrega a domicilio.
- Cierta proximidad geográfica o facilidad de aparcamiento.
- Posibilidad de comprar a crédito.
- Un establecimiento cómodo y limpio.

La atención al cliente en grandes superficies

En general, el secreto del **éxito de las grandes superficies** radica en la enorme **cantidad de productos que ofertan** en sus instalaciones, basándose, además, en los precios bajos para lograr así conquistar al consumidor.

NOTA

En este tipo de comercios se potencia vender la máxima cantidad de productos posible sin preocuparse demasiado de qué es lo que se vende ni a quién se vende.

Por lo general, estos comercios suelen tener un Departamento de Atención al Cliente, aunque el trato es **más frío y menos familiar que en los pequeños comercios.** Además, el uso de este servicio suele comportar trabas y largas esperas. Si se hace demasiado hincapié en los servicios al cliente, sus costos en general tienden a incrementarse de forma notable, perdiendo competitividad.

Desde la perspectiva del cliente, la compra en las grandes superficies presenta una serie de **ventajas e inconvenientes:**

Ventajas	Inconvenientes
- Precios bajos. - Amplia variedad de productos. - Menores gastos de compra. - Servicio de *parking.* - Compras a crédito.	- Importante limitación en servicios al cliente. - Despersonalización de quien compra. - El consumidor se enfrenta directamente a los productos, sin consulta ni asesoramiento alguno. - En muchas ocasiones hay falta de marcas líderes que son sustituidas por las propias. - El cliente pierde su valioso tiempo haciendo colas.

En consecuencia, algunas de las ventajas competitivas más significativas que poseen los pequeños comercios frente a las grandes superficies son el **servicio** y la **atención personalizada.**

La atención al cliente en los pequeños comercios

☞ HILO CONDUCTOR

Aunque al final nadie interpuso una denuncia, la imagen de este establecimiento se ha podido ver mínimamente perjudicada, llegando a perder incluso cierto grado de proximidad hacia el cliente. Para recuperarlo, el gerente del local deberá apostar por una línea de trabajo que tenga por finalidad mejorar la implicación del negocio en la atención a sus clientes.

Una gestión de la actividad comercial **orientada a la calidad del servicio** debe apoyarse en las ventajas competitivas que el comercio ofrece, tales como un trato cercano, una atención personalizada, un mayor conocimiento sobre los productos ofertados, etc.

Si bien es cierto que el pequeño comercio no puede competir con el grande en muchos aspectos, sí hay determinados factores en los que le podría superar:

⊃ **Proximidad:** es un factor decisivo, sobre todo, en compras que deben realizarse en el momento.

⊃ **Servicio personalizado:** el pequeño comercio tiene la facultad de hacer sentir al cliente que es único y no un simple número como en las grandes superficies.

SABÍAS QUE...

La mayoría de los pequeños comercios no aprovechan adecuadamente estos factores. Es obvio que sí tienen la proximidad, pero no la personalización ni la excelente atención al cliente que deberían poner en práctica para fidelizar a sus clientes.

El personal de atención al consumidor se encuentra en contacto directo con los clientes de la empresa. Por ello, es necesario que presten un servicio excelente para conseguir reforzar la imagen corporativa.

APLICACIÓN PRÁCTICA

Una pequeña librería se ha visto afectada por la construcción de un nuevo centro comercial en el extrarradio de la ciudad y, en especial, por la apertura de otra librería de una conocida cadena en el interior de dicho centro. A raíz de esto, los clientes se han visto atraídos por las modernas instalaciones y gran variedad de surtido del nuevo comercio.

Determina qué tipo de acciones debería llevar a cabo la primera librería para fidelizar a sus clientes:

a. Boletín *online* con las novedades de cada mes.
b. Jornadas de cuentacuentos para niños, jornadas literarias para mayores, etc.
c. Impartir videoconferencias sobre los productos para mejorar su rendimiento.
d. Acciones basadas en programas y tarjetas de puntos.
e. Campañas de SMS con códigos promocionales.

Continúa en página siguiente >>

<< Viene de página anterior

Solución

Aunque todos los enunciados propuestos representan acciones de fidelización, en este caso, tan solo serían recomendables el boletín *online,* las diferentes jornadas y las campañas de SMS, ya que tanto las videoconferencias como las tarjetas y programas de puntos son más adecuados para otro tipo de establecimientos.

 ACTIVIDAD COMPLEMENTARIA

7. Busca en la red cinco ejemplos de pequeños comercios en los que la proximidad y el servicio personalizado se puedan considerar superiores a los ofrecidos por las grandes superficies y determina cuál es, en este sentido, la tendencia del pequeño comercio.

---

3. Servicios de la Sociedad de la Información y el comercio electrónico

 HILO CONDUCTOR

Una vez que la atención al cliente haya alcanzado el resultado esperado, el gerente ha previsto optimizar la página web del negocio, que desde hace meses se encuentra inoperativa, con objeto de impulsar el comercio electrónico, mejorar la comunicación con los usuarios y captar un mayor número de clientes.

Actualmente no existe un consenso a nivel académico sobre la definición del concepto **Sociedad de la Información;** no obstante, la existencia del fenómeno en sí es aceptada ampliamente. El origen del término es anterior a la revolución de las Tecnologías de la Información y las Comunicaciones (TIC), y al momento en que estas empezaron a moldear la sociedad hasta el estado actual.

La irrupción de los servicios de la información y del comercio electrónico ha tenido un notable impacto en la actividad comercial, dado que ofrecen muchas **ventajas,** aunque al mismo tiempo presentan también algunos **inconvenientes:**

Ventajas ✓	Inconvenientes ✗
- Mejora de la eficiencia empresarial. - Incremento de las posibilidades de elección de los usuarios. - Aparición de nuevas fuentes de empleo.	- Elemento discriminatorio para todos aquellos que no disponen de él. - Vacío legal en algunos aspectos.

3.1. Contenido

Fue la Comunidad Europea la organización que, en un principio, promovió las primeras normativas relacionadas con la **Sociedad de la Información** y el **comercio electrónico** que afectaron directamente a nuestro país.

Pero, además de la normativa europea que regula la materia, disponemos de una legislación propia en dicha materia: la Ley 34/2002, de 11 de julio, de Servicios de la Sociedad de la Información y de Comercio Electrónico (LSSI-CE).

Esta ley tiene como objeto la incorporación al ordenamiento jurídico español de la Directiva 2000/31 /CE, del Parlamento Europeo y del Consejo, de 8 de junio, relativa a determinados aspectos de los servicios de la Sociedad de la Información, en particular, el comercio electrónico en el mercado interior.

De esta forma, según la mencionada ley, podríamos englobar dentro de los servicios de la Sociedad de la Información las siguientes actividades:

- Contratación de bienes y servicios por vía electrónica.
- Suministro de información por dicho medio.
- Actividades de intermediación sobre la provisión de acceso a red.
- Transmisión de datos por redes de telecomunicaciones.
- Alojamiento en los propios servidores de información.
- Servicios o aplicaciones facilitados por otros.
- Provisión de instrumentos de búsqueda o enlaces a otros sitios de internet.

A continuación se analiza a modo de ejemplo el proceso de compra de ropa a través de internet:

1. En primer lugar, es necesario acceder a la página web del establecimiento en cuestión.
2. Se comienza a visualizar la colección de ropa, clasificada por secciones (mujer, hombre, niños, etc.), y las distintas prendas (abrigos, faldas, pantalones, calzado, bolsos, etc.), al igual que en una tienda física. También se puede visualizar las tallas, el precio, los colores, etc.
3. Si se desea realizar una compra, es necesario que el usuario se dé de alta para que así pueda identificarse a la hora de comprar. Obviamente, los datos del cliente están protegidos por la Ley Orgánica de Protección de Datos Personales y garantía de los derechos digitales (LOPDGDD).
4. Se selecciona una determinada prenda de la colección, con intención de proceder a la compra.
5. Cuando se tramita la compra, debe aparecernos el precio final del producto, incluidos los gastos de envío y otros gastos o tasas aplicables.
6. Se detallan los datos de envío.
7. Por último, se formaliza el pago.

 PARA SABER MÁS

Escanea el siguiente código para acceder a la Ley 34/2002, de 11 de julio, de Servicios de la Sociedad de la Información y de Comercio Electrónico (LSSI-CE):

https://redirectoronline.com/uf00360302

3.2. Ley 34/2002, de 11 de julio, de Servicios de la Sociedad de la Información y de Comercio Electrónico (LSSI-CE)

Para lograr comprender todos los aspectos relativos a la Sociedad de la Información y el **comercio electrónico** y, más concretamente, la ley a la que nos estamos refiriendo, sería conveniente explicar antes una serie de términos clave:

- **Prestador de servicios:** se dice de cualquier persona física o jurídica que suministre un servicio de la Sociedad de la Información.
- **Prestador de servicios establecido:** prestador que ejerce de manera efectiva una actividad económica a través de una instalación estable y por un período de tiempo indeterminado.
La presencia y la utilización de los medios técnicos y de las tecnologías empleadas para suministrar el servicio no representan un establecimiento del prestador de servicios.
- **Destinatario del servicio:** dícese de cualquier persona física o jurídica que utiliza un servicio de la Sociedad de la Información por motivos profesionales o de cualquier otro tipo y, especialmente, para buscar información o para hacerla accesible.
- **Servicio de intermediación:** es el servicio a la Sociedad de la Información mediante el cual se facilita la prestación o la utilización de otros servicios de la Sociedad de la Información o el acceso a la información.
Ejemplo: la provisión de servicios de acceso a internet, la transmisión de datos por redes de telecomunicaciones, el alojamiento en los propios servidores de datos, etc.

El **objetivo fundamental** de la presente ley es normalizar el régimen jurídico de los servicios de la Sociedad de la Información y la contratación vía electrónica, sobre todo, en los siguientes aspectos:

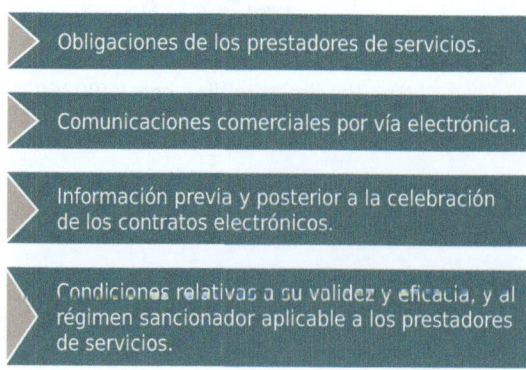

Obligaciones de los prestadores de servicios.

Comunicaciones comerciales por vía electrónica.

Información previa y posterior a la celebración de los contratos electrónicos.

Condiciones relativas a su validez y eficacia, y al régimen sancionador aplicable a los prestadores de servicios.

Ámbito de actuación

La citada Ley 34/2002, de 11 de julio, recoge en su contenido todos los servicios de la denominada Sociedad de la Información:

- Servicios entre empresas.
- Servicios entre empresas y consumidores.
- Servicios suministrados gratuitamente al beneficiario.
- Servicios que permiten las transacciones electrónicas en línea.

 EJEMPLO

Se aplica en sectores y actividades tales como:

- Periódicos en línea.
- Bases de datos en línea.
- *Marketing* y publicidad directas en línea.
- Servicios financieros en línea.
- Servicios profesionales en línea.
- Servicios recreativos en línea.

Esta normativa se aplica especialmente a los prestadores de servicios establecidos en la Unión Europea; sin embargo, para no obstaculizar el comercio electrónico mundial se propone evitar también cualquier tipo de incompatibilidad con la evolución jurídica de otras regiones del mundo.

En nuestro caso, la Ley 34/2002, de 11 de julio, de Servicios de la Sociedad de la Información y de Comercio Electrónico será aplicada a los prestadores de servicios de la Sociedad de la Información establecidos en España y a los servicios prestados por ellos.

¿Quién presta los servicios de la Sociedad de la Información?

Los servicios explicados anteriormente son ofrecidos por una serie de entidades o sujetos concretos, entre los que se encuentran:

- **Operadores de telecomunicaciones:** son aquellas empresas que ejercen actividades de telecomunicaciones con consumidores, ya sean personas físicas o jurídicas.

- ⮑ **Proveedores de acceso a internet:** son las empresas que suministran a los consumidores el acceso a internet. En España, los proveedores de acceso a la red coinciden en su mayor parte con los operadores de telecomunicaciones.
- ⮑ **Portales:** son las páginas web en sí mismas.
- ⮑ **Motores de búsqueda:** son los sistemas informáticos encargados de buscar en la red la información solicitada por el usuario a partir del tema especificado.
- ⮑ **Otros sujetos:** cualquier sujeto que disponga de un sitio en internet a través del cual realice alguna de las actividades indicadas, incluido el comercio electrónico.

 SABÍAS QUE...

La Ley 11/1998, de 24 de abril, General de Telecomunicaciones liberalizó en España el sector de los servicios de telecomunicaciones, permitiendo la libre competencia de distintas compañías. Actualmente, esta ley se encuentra derogada y ha sido sustituida por la Ley 11/2022, de 28 de junio, General de Telecomunicaciones.

¿Qué no se considera servicio de la Sociedad de la Información?

El servicio de la Sociedad de la Información consiste en cualquier tipo de servicio prestado a cambio de una remuneración, ya sea a distancia o por vía electrónica, y a petición individual del destinatario.

Sin embargo, se ha generado bastante confusión en torno a lo que constituye o no un servicio de la Sociedad de la Información. Si nos seguimos ateniendo a la Ley 34/2002, podemos afirmar que no se consideran servicios de la Sociedad de la Información los que no cumplan dichas consideraciones como, por ejemplo, los servicios prestados **por medio de telefonía vocal, fax o télex;** el intercambio de información **a través del correo electrónico;** los **servicios de radiodifusión** o el **teletexto televisivo.**

Todo aquel que en su página web venda productos o haga cualquier tipo de publicidad, suya o de terceros, está considerado como prestador de servicios de la Sociedad de la Información, con lo cual está sujeto a la Ley 34/2002.

3.3. Implicaciones en la atención al cliente

Aunque en la prestación de servicios no existe obligación de entregar un documento que recoja las condiciones de la garantía, sí **debe informarse al consumidor de ciertos aspectos** de la relación negociadora; de esta forma, habrá que hacerle un presupuesto de los costes que tendrá el servicio, de los trámites que puede conllevar la adecuada realización del servicio, de las posibilidades de alcanzar el resultado esperado, etc.

El prestador de servicios de la Sociedad de la Información debe mostrar en su **página web** la siguiente información:

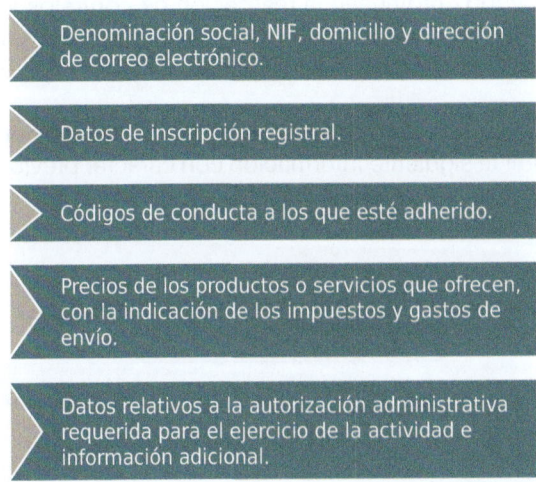

Denominación social, NIF, domicilio y dirección de correo electrónico.

Datos de inscripción registral.

Códigos de conducta a los que esté adherido.

Precios de los productos o servicios que ofrecen, con la indicación de los impuestos y gastos de envío.

Datos relativos a la autorización administrativa requerida para el ejercicio de la actividad e información adicional.

SABÍAS QUE...

El código ético es un conjunto de normas de comportamiento ético y moral que no son de obligado cumplimiento, sino que consisten en el compromiso de cumplir dichas normas, con el fin de desarrollar unas prácticas comerciales más correctas.

ACTIVIDAD COMPLEMENTARIA

8. Enumera tres prestadores de servicios propios de la Sociedad de la Información y determina cuáles deberían ser sus implicaciones en lo que a la figura del consumidor se refiere.

Contratos *online*

La Ley 34/2002 promueve la realización de contratos a través de internet. Este aspecto implica una gran comodidad, dado que supone un ahorro de tiempo y dinero para las distintas partes contratantes.

En el caso de que el **prestador de servicios realice contratos *online*,** deberá añadir la siguiente información con carácter previo al proceso de contratación:

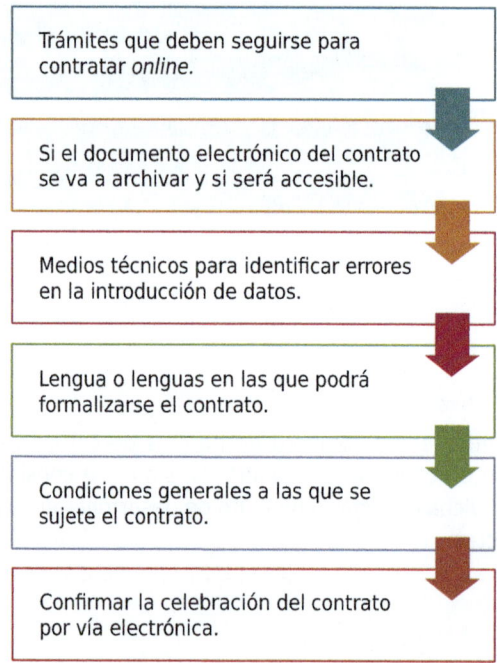

Trámites que deben seguirse para contratar *online*.

Si el documento electrónico del contrato se va a archivar y si será accesible.

Medios técnicos para identificar errores en la introducción de datos.

Lengua o lenguas en las que podrá formalizarse el contrato.

Condiciones generales a las que se sujete el contrato.

Confirmar la celebración del contrato por vía electrónica.

Obligaciones en la publicidad *online*

La publicidad *online* ha experimentado un enorme desarrollo en la Sociedad de la Información; no obstante, aprovechando el vacío legal que ha existido durante muchos años, podemos comprobar cómo numerosas empresas han aprovechado para mandar mensajes publicitarios indiscriminadamente a los usuarios.

Para saber **cómo realizar correctamente la publicidad** en la Sociedad de la Información exponemos a continuación las **obligaciones** que el prestador del servicio debe tener en cuenta:

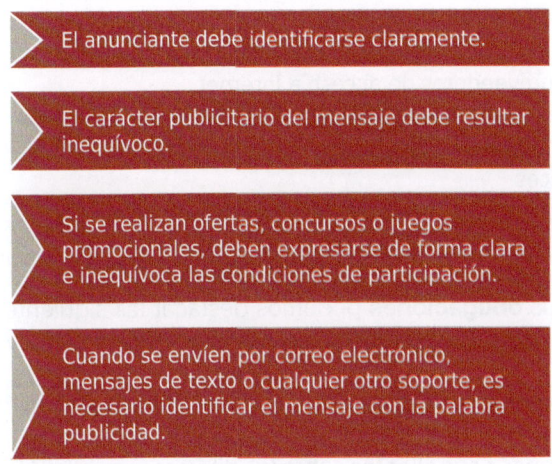

El anunciante debe identificarse claramente.

El carácter publicitario del mensaje debe resultar inequívoco.

Si se realizan ofertas, concursos o juegos promocionales, deben expresarse de forma clara e inequívoca las condiciones de participación.

Cuando se envíen por correo electrónico, mensajes de texto o cualquier otro soporte, es necesario identificar el mensaje con la palabra publicidad.

 SABÍAS QUE...

La palabra *spam* procede del argot americano y se utiliza, sobre todo, para designar la correspondencia ilícita.

Así, el *spamming* consiste en la difusión generalizada del mismo mensaje entre un gran número de usuarios de internet. Además, es una técnica de *marketing* primaria y no selectiva que utiliza las direcciones electrónicas para enviar mensajes publicitarios que contaminan los buzones electrónicos de los usuarios.

Obligaciones y responsabilidades para los prestadores de servicios de intermediación

Aquellas empresas que proporcionan servicios de intermediación de la Sociedad de la Información poseen unas obligaciones y responsabilidades diferenciadas, dado el papel que desempeñan.

 RECUERDA

Los intermediarios de los servicios de intermediación de la Sociedad de la Información son los siguientes:

- Los proveedores de acceso a internet.
- Los prestadores de servicios de alojamiento de datos.
- Buscadores.
- Enlaces.

Entre sus **obligaciones** podemos destacar las siguientes, atendiendo a la ley que hasta ahora hemos tomado como referencia (Ley 34/2002):

➲ Colaborar con los órganos públicos para la ejecución de resoluciones que no puedan cumplirse sin su ayuda.
➲ Informar a sus clientes sobre los diferentes medios técnicos que aumenten los niveles de seguridad de la información, los aplicados por ellos, las herramientas existentes para el filtrado y restricción de acceso a determinados contenidos y servicios, y las posibles responsabilidades en que los usuarios pueden incurrir por el uso de internet con fines ilícitos.

En lo que se refiere a las **responsabilidades,** resulta conveniente saber lo siguiente:

➲ No son responsables de los contenidos que transmiten o alojan, o aquellos a los que facilitan acceso, siempre que no hayan participado en su elaboración.
➲ Son responsables en caso de que conozcan su ilicitud y no actúen rápidamente para retirarlos o imposibiliten el acceso a ellos.

Derechos de los usuarios

Cualquier persona que acceda a la Sociedad de la Información o desempeñe el rol de cliente en el proceso del comercio electrónico, tiene una serie de derechos que deben ser respetados en el proceso.

Derecho a conocer información sobre los prestadores de servicios

Imaginemos por un momento que nos suscribimos a la versión *online* del periódico *La Voz del Pueblo*. Como prestador de información, tendremos derecho a conocer los siguientes datos sobre este periódico: nombre, domicilio, dirección de *e-mail*, precios ofrecidos en función de las condiciones de suscripción e, incluso, impuestos y gastos de envío en el caso de que los hubiera.

Respecto a la publicidad

Algunos de los derechos como receptores de publicidad *online* son:

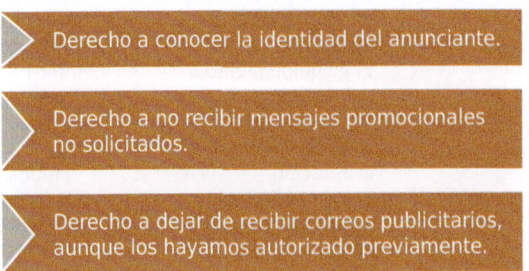

> Derecho a conocer la identidad del anunciante.

> Derecho a no recibir mensajes promocionales no solicitados.

> Derecho a dejar de recibir correos publicitarios, aunque los hayamos autorizado previamente.

En la contratación

Tanto los consumidores como los usuarios de la Sociedad de la Información tienen derecho a las siguientes acciones:

- ➲ Conocer los **pasos necesarios** para contratar por internet.
- ➲ Acceder a las **condiciones generales** de la contratación antes de realizar su pedido.
- ➲ Obtener un **acuse de recibo** que le asegure que su pedido ha llegado correctamente al vendedor.

Infracciones y sanciones

Las infracciones de los preceptos de esta ley se calificarán como muy graves, graves y leves. En los siguientes enlaces se observan algunos ejemplos de cada una de ellas, así como las sanciones que se les imponen:

Infracciones muy graves	Infracciones graves	Infracciones leves
SANCIÓN: multa de 150.001 hasta 600.000 €	**SANCIÓN:** multa de 30.001 hasta 150.000 €	**SANCIÓN:** multa de hasta 30.000 €
- Suspender la transmisión. - Suspender el alojamiento de datos. - Suspender el acceso a la red. - Suspender la prestación de cualquier otro servicio equivalente de intermediación.	- Envío masivo de comunicaciones comerciales. - No poner a disposición del destinatario del servicio las condiciones generales a las que se sujete el contrato. - El incumplimiento habitual de la obligación de confirmar la recepción de una aceptación. - El incumplimiento significativo de las obligaciones de información.	- No informar de que el teléfono requerido para acceder al servicio es de tarificación adicional. - No informar a los usuarios sobre el nombre, domicilio, dirección de *e-mail* del prestador de servicios de la información. - No facilitar al cliente la revocación de su consentimiento para recibir comunicaciones comerciales. - No informar detalladamente al cliente sobre el proceso de contratación. - No enviar al cliente acuse de recibo del consentimiento del contrato.

 TAREA 11

Miguel Ángel, joven emprendedor del sector vitivinícola, ha facturado más de cincuenta mil euros durante su primer año; de hecho, es tal la difusión que ha

Continúa en página siguiente >>

<< Viene de página anterior

alcanzado su nombre que está considerando abrir próximamente una página web con el fin de aprovechar el comercio electrónico como nueva fuente de ingresos.

En base a esto, realiza una búsqueda de información en la red y describe las incidencias más comunes que pueden originarse en la prestación del servicio de un operador de telecomunicaciones o proveedor de acceso a internet.

----

4. Protección de datos

☞ HILO CONDUCTOR

Tras la inversión realizada en la optimización de la web, el gerente de este comercio minorista ha decidido mejorar la imagen transmitida por la empresa por medio del correo electrónico, garantizándole a los usuarios que cualquier transmisión que se produzca de sus datos personales se llevará siempre a cabo mediante una tecnología que cumple los máximos estándares de seguridad.

La Ley Orgánica 3/2018, de 5 de diciembre, de Protección de Datos Personales y garantía de los derechos digitales (LOPDGDD) junto con el Reglamento (UE) 2016/679, de 27 de abril imponen una serie de medidas de carácter técnico, organizativo y jurídico a aquellos que posean datos de carácter personal. Esta ley regula el derecho fundamental a la protección de datos, disponiendo que será la Agencia Española de Protección de Datos (AEPD) la encargada de tutelar y garantizar el derecho; de esta forma, el art. 44 de la citada ley establece que:

La Agencia Española de Protección de Datos es una autoridad administrativa independiente de ámbito estatal, de las previstas en la Ley 40/2015, de 1 de octubre, de Régimen Jurídico del Sector Público, con personalidad jurídica y plena capacidad pública y privada, que actúa con plena independencia de los poderes públicos en el ejercicio de sus funciones.

En este sentido, los mecanismos de recogida y tratamientos de los datos personales se encuentran en constante evolución. Esta ponderación entre el derecho del ciudadano a preservar el control ejercido sobre sus datos personales y la aplicación de las nuevas tecnologías de la información es el contexto en el que el legislador consagra el derecho fundamental a la protección de datos de carácter personal.

El derecho fundamental a la protección de datos reconoce al ciudadano la facultad de **controlar sus datos personales** y la capacidad para **disponer y decidir sobre los mismos.**

 **RECUERDA**

El tratamiento de los datos personales está regulado tanto por la Ley Orgánica 3/2018, de 5 de diciembre como por el Reglamento (UE) 2016/679, de 27 de abril (Reglamento General de Protección de Datos, RGPD).

Todos aquellos que posean datos personales, ya sea en papel o en soporte digital, y sean susceptibles de ser usados y tratados, tienen la obligación de cumplir con lo que dictamina tanto la **Ley Orgánica de Protección de Datos** Personales y garantía de los derechos digitales como el **Reglamento General de Protección de Datos.**

En este sentido, los profesionales y las empresas poseen información sobre clientes, proveedores, agentes, etc., lo que les obliga a estar adecuados a la normativa vigente. Es especialmente importante la posición de los **agentes económicos que prestan sus servicios a otras empresas y profesionales** como, por ejemplo, consultorías, gestorías, mensajerías o empresas de servicios.

4.1. Contenido

Esta ley otorga una mayor **protección a los datos personales** de las personas físicas, al incluir dentro de su ámbito de protección no solo el tratamiento de datos realizados a través de ficheros automatizados, sino también de los realizados a través de ficheros manuales.

¿Qué tipo de datos protege la LOPDGDD?

Lo que se pretende proteger con esta ley son los derechos fundamentales y libertades públicas de las personas físicas en lo referente al tratamiento de sus datos personales y a la libre circulación de estos, es decir, se quiere garantizar el derecho a la intimidad personal y familiar.

Por tanto, lo que se pretende proteger es **cualquier información relativa a personas físicas identificadas o identificables,** con el fin de evitar que esta circule y se trate sin la autorización previa del titular.

Según el RGPD se considera tratamiento a toda **operación realizada sobre datos personales por procedimientos automatizados o no,** que permiten la recogida, registro, organización, estructuración, conservación, adaptación o modificación, extracción, consulta, utilización, comunicación por transmisión, difusión o cualquier otra forma de habilitación de acceso, cotejo o interconexión, limitación, supresión o destrucción.

Hay que tener en cuenta que hoy en día se podría decir que la práctica totalidad de las empresas se encuentran vinculadas por las obligaciones que establece la LOPDGDD, ya que es casi imposible que en alguna empresa no haya algún dato personal perteneciente a una persona física.

¿A qué está obligado el responsable del tratamiento?

Según establece la normativa de protección de datos, el responsable del tratamiento de los datos personales debe cumplir con una serie de **obligaciones:**

Aplicar medidas técnicas y organizativas adecuadas para garantizar y demostrar que el tratamiento está ajustado al RGPD y a la LOPDGDD.

Cumplir el principio de la protección de datos desde el diseño y por defecto, es decir, que las normas se aplicarán tanto en el momento de definir los medios de tratamiento como en el mismo, garantizando además que solo se traten los datos personales necesarios para los fines específicos del tratamiento.

Bloquear los datos cuando el responsable proceda a su rectificación o supresión.

Llevar un registro de las actividades de tratamiento.

Cumplir con el deber de información relativo al tratamiento de los datos y los medios por los que podrán ejercer sus derechos los interesados.

¿En qué consiste la protección de datos?

Todas las empresas están **obligadas a registrar las actividades de trata-miento** que se realizan en la prestación de servicios. Este manejo y obten-ción de datos hace necesaria su adecuación a la legislación vigente, que obliga a las empresas a organizar y proteger esta información, adoptando medidas de índole técnica y organizativa que garanticen la seguridad de los datos.

Para garantizar el cumplimiento de dichas medidas debemos poner en práctica las obligaciones que se derivan de la LOPDGDD:

1. Información al interesado, como titular de sus datos, sobre el tratamiento al que están siendo sometidos, siempre previo consentimiento obtenido por su parte.
2. Informar al interesado de los derechos de los que dispone para hacer valer ante la empresa.
3. Adoptar las medidas de índole técnica y organizativa necesarias para ga-rantizar la seguridad de los datos.
4. Información al personal de las normas de seguridad y las consecuencias de su incumplimiento.
5. Adoptar el secreto profesional.
6. Acceso a datos por cuenta de terceros.
7. Prohibición de comunicar o ceder los datos personales a un tercero, sin que haya un consentimiento previo por parte del interesado.

La LOPDGDD impone una serie de medidas a todos aquellos que manejen datos personales, con el fin de evitar un mal uso de los datos cedidos, así como un estricto régimen sancionador.

Es por ello que todas las empresas y profesionales cumplen sus obligacio-nes relativas a la protección de datos; de esta forma, el incumplimiento de esta obligación por parte del personal puede constituir un delito de revela-ción de secretos que da derecho a la organización a exigir al usuario una indemnización económica.

La **Agencia Española de Protección de Datos** es la entidad estatal encar-gada de hacer cumplir la normativa vigente en materia de protección de datos personales. Dependiendo de la infracción cometida, las sanciones que puede imponer la AEPD, conforme al Reglamento (UE) 2016/679, son:

Infracción muy grave
- Para las infracciones reguladas en los apartados 5 y 6 del artículo 83 del RGPD, la cuantía de la sanción es la que se corresponde con el mayor importe de entre las siguientes cantidades:

  - 20 millones de euros, como máximo
  - 4 % (como máximo) del volumen de negocio anual del ejercicio financiero anterior (si es empresa)

Infracción grave
- Para las infracciones reguladas en el artículo 83.4 del RGPD la cuantía de la sanción es la que se corresponde con el mayor importe de entre las siguientes cantidades:

  - 10 millones de euros, como máximo
  - 2 % (como máximo) del volumen de negocio anual del ejercicio financiero anterior (si es empresa)

La **sanción** que le corresponde a las **infracciones leves** depende del incumplimiento (con carácter formal) cometido. Si está relacionado con las obligaciones del artículo 83.4 del RGPD, la sanción será la misma que la de las infracciones graves; si el incumplimiento estuviera relacionado con los principios, derechos, transferencias internacionales, etc., del artículo 83.5 del RGPD, la sanción será la misma que la de las infracciones muy graves.

4.2. Implicaciones en las relaciones con los clientes

La protección de datos no solo involucra a las empresas que los manejan, dado que las personas a las que hacen referencia también juegan un papel muy destacado en este ámbito.

Los **deberes** de las personas encargadas de gestionar los datos de los clientes son:

- Garantizar la seguridad de los datos del cliente.
- Facilitar a las personas el ejercicio de sus derechos.
- Informar al cliente de que sus datos serán objeto de tratamiento por parte de la empresa.
- Aplicar los principios de la protección de datos en la recogida y el tratamiento de los datos de carácter personal.

Este deber se refiere al derecho que tiene el sujeto, cuyos datos personales han sido recabados, de ser debidamente informado de la finalidad del tratamiento y de la posibilidad de ejercer los derechos en materia de protección de datos.

El interesado debe ser debidamente informado sobre los aspectos relacionados con el tratamiento de sus datos, siendo otra de las obligaciones del responsable del tratamiento, obtener el **consentimiento expreso** del interesado, atendiendo a la normativa de protección de datos.

En virtud de lo establecido en la LOPDGDD, los derechos de los que disponen los interesados son los siguientes:

A continuación, se describirán cada uno de ellos:

- **Derecho de acceso:** este derecho permite a los interesados controlar el uso, conocer y obtener información sobre el tratamiento, realizado por una empresa pública o privada, de sus datos personales.
- **Derecho de rectificación:** el interesado tiene derecho a obtener, por parte del responsable del tratamiento, la rectificación de sus datos personales cuando resulten inexactos e incompletos, sin existir dilación indebida en ello.
- **Derecho de supresión o derecho al olvido:** este derecho tiene como finalidad impedir la difusión de información personal a través de internet cuando su publicación no cumple los requisitos de adecuación y pertinencia previstos en la normativa, sea obsoleta, incompleta, falsa o irrelevante y no sea de interés público.
- **Derecho de oposición:** el interesado puede oponerse al tratamiento de sus datos personales en cualquier momento, por causas relacionadas con su situación particular y cuando el tratamiento se realice bajo supuestos dados.
- **Limitación del tratamiento:** el interesado puede solicitar del responsable la limitación en el tratamiento de sus datos siempre y cuando estos sean inexactos, el tratamiento sea ilícito, sean necesarios para interponer una reclamación o exista oposición por parte del interesado.

- **Portabilidad de los datos:** posibilita al interesado la transmisión de datos personales de un responsable a otro.
- **Decisiones individuales automatizadas:** cualquier persona tiene derecho a no ser objeto de una decisión basada únicamente en el tratamiento automatizado (incluida la elaboración de perfiles) que produzca efectos jurídicos en él o le afecte de forma significativa de modo similar.

5. Protección al consumidor

☞ **HILO CONDUCTOR**

Atendiendo a sus obligaciones como empresario, el gerente de este establecimiento ha optado por publicar en la página web de la empresa un mensaje donde asegura que todos los productos que su empresa pone a disposición de los usuarios están meticulosamente estudiados para garantizar un mejor resultado, siendo probados en laboratorios para garantizar los mejores resultados.

La protección al consumidor ha sido objeto de **innumerables regulaciones,** en especial a nivel europeo. En la actualidad, hay directivas y reglamentos tendentes a armonizar los supuestos aplicables en todos los países miembros de la Comunidad Europea. En unos casos, estas normas son de aplicación directa en todos los países miembros; en otros, los países miembros han tenido que transformar las exigencias impuestas a nivel europeo, incorporando las **regulaciones europeas a leyes y otras normas nacionales.**

En este sentido, la transparencia, el trato justo y los mecanismos de recurso efectivos revisten especial importancia cuando se trata de la protección del consumidor. Los clientes deben ser capaces de entender las repercusiones de los compromisos que contraen; la información se debe presentar de forma clara y sencilla, y se debe contar con un método satisfactorio para la resolución de cualquier posible conflicto.

La aplicación de las prácticas de protección del consumidor puede llevar tiempo y es probable que evolucione a medida que se vayan identificando nuevos riesgos, se entienda mejor el comportamiento de los consumidores y se diseñen regulaciones eficaces.

5.1. Ley General de Defensa de los Consumidores y Usuarios

Cumpliendo con el mandato de la Constitución, las Cortes Generales promulgaron la Ley General para la Defensa de los Consumidores y Usuarios (Real Decreto Legislativo 1/2007, de 16 de noviembre, por el que se aprueba el texto refundido de la Ley General para la Defensa de los Consumidores y Usuarios).

Así, la Ley General de Defensa de los Consumidores y Usuarios (LGDCU) recoge **los derechos básicos de los consumidores y usuarios.** Del mismo modo, es necesaria una educación en materia de consumo para que estos cumplan con una serie de **deberes** desde el punto de vista personal, social, económico y ambiental. Estos deberes también quedan recogidos en la citada ley.

Derechos	Deberes
- Protección contra los riesgos que puedan afectar su salud o seguridad. - Protección de los intereses económicos y sociales. - Indemnización de los daños y reparación de los perjuicios sufridos. - Derecho a la información correcta sobre los distintos bienes o servicios. - Derecho de audiencia, participación y representación. - Derecho a la protección en casos de subordinación o indefensión.	- Desarrollar un espíritu crítico ante el consumo. - Saber actuar ante problemas surgidos en los marcos del consumo. - Poseer conciencia social. - Desarrollar una responsabilidad ambiental. - Asumir una responsabilidad económica y social.

A continuación, se detallan los organismos que velan por los derechos de los consumidores.

Instituciones nacionales de consumo

La defensa de los derechos de los consumidores constituye una **parte esencial de las políticas de consumo** llevadas a cabo por las Administraciones públicas en España.

La Agencia Española de Seguridad Alimentaria y Nutrición (AESAN) nace de la fusión entre la Agencia Española de Seguridad Alimentaria y Nutrición, y el Instituto Nacional de Consumo (INC).

Se trata de un organismo autónomo de los previstos en el artículo 84.1.a de la Ley 40/2015, de 1 de octubre, de Régimen Jurídico del Sector Público con personalidad jurídica diferenciada y plena capacidad de obrar. La dirección estratégica, la evaluación y el control de los resultados de la actividad del organismo corresponden a la Secretaría General de Sanidad y Consumo.

Este organismo está adscrito al Ministerio de Derechos Sociales, Consumo y Agenda 2030, siendo dos de los principales objetivos que persigue:

- Ejercer la promoción y el fomento de los derechos de los consumidores y usuarios.
- Promover la seguridad alimentaria.

Sistema Arbitral de Consumo

El Sistema Arbitral de Consumo es el instrumento que las Administraciones públicas ponen a disposición de los ciudadanos para resolver de modo eficaz los conflictos y reclamaciones que surgen en las relaciones de consumo, toda vez que la protección de los consumidores y usuarios exige que estos dispongan de mecanismos adecuados para resolver sus reclamaciones.

La legislación define este instrumento como:

Sistema extrajudicial de resolución de conflictos entre los consumidores y usuarios y los empresarios o profesionales a través del cual, sin formalidades especiales y con carácter vinculante y ejecutivo para ambas partes, se resuelven las reclamaciones de los consumidores y usuarios, siempre que el conflicto no verse sobre intoxicación, lesión o muerte, o existan indicios racionales de delito.

A través de este sistema las partes encomiendan voluntariamente a un órgano arbitral, que actúa con imparcialidad, independencia y confidencialidad, la **decisión sobre la controversia** o el **conflicto surgido entre ellos.** Esta decisión, vinculante para ambas partes, tiene la misma eficacia que una sentencia.

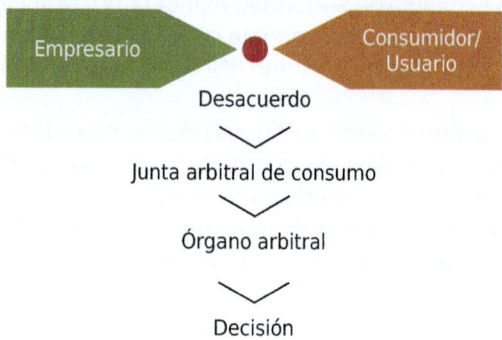

Desacuerdo

Junta arbitral de consumo

Órgano arbitral

Decisión

SABÍAS QUE...

Los comercios adheridos al Sistema Arbitral muestran el distintivo oficial en un lugar privilegiado del establecimiento. Este distintivo confiere una garantía de calidad tanto para el consumidor como para el usuario, pues brinda un servicio rápido y eficaz en la resolución de posibles conflictos.

Distintivo oficial del Sistema Arbitral que se muestran en los comercios adheridos

5.2. Regulación autonómica local de protección al consumidor

La citada **Agencia Española de Seguridad Alimentaria y Nutrición** establece un marco común que contiene las políticas comunes de consumo que se desarrollan en nuestro país y que se sumarán a las que cada una de las administraciones competentes desarrolle en las respectivas comunidades autónomas. En él se establecen una serie de **parámetros de medición** que, además de facilitar el análisis de su ejecución, permiten valorar el compromiso real de aquellas administraciones que adopten el acuerdo de aprobarlo.

En este sentido, la agencia persigue una serie de objetivos con la puesta en marcha de sus políticas para lograr mejorar así las condiciones de los consumidores y hacer valer sus derechos, además de fomentar en ellos un consumo responsable.

Las diferentes comunidades autónomas poseen también una legislación específica y propia en materia de consumo que viene a complementar la normativa nacional.

EJEMPLO

En la **Comunidad de Madrid** se dispone de la Ley 11/1998, de 9 de julio, de Protección de los Consumidores de la Comunidad de Madrid de carácter autonómico.

En **Canarias** cuentan con la Ley 3/2003, de 12 de febrero, del Estatuto de los Consumidores y Usuarios de la Comunidad Autónoma de Canarias.

En **Andalucía** está la Ley 13/2003, de 17 de diciembre, de Defensa y Protección de los Consumidores y Usuarios de Andalucía.

A **nivel local,** cada vez son más los ayuntamientos que disponen de oficinas de ayuda y protección al consumidor a través de las **Oficinas Municipales de Información al Consumidor.**

Dependiendo de las competencias asumidas y declaradas en el Registro de Servicios Municipales de Consumo del municipio, sus funciones girarán en torno a los siguientes elementos:

> Información y formación en materia de consumo.

> Edición y distribución de hojas de reclamaciones a empresarios.

Continúa en página siguiente >>

<< Viene de página anterior

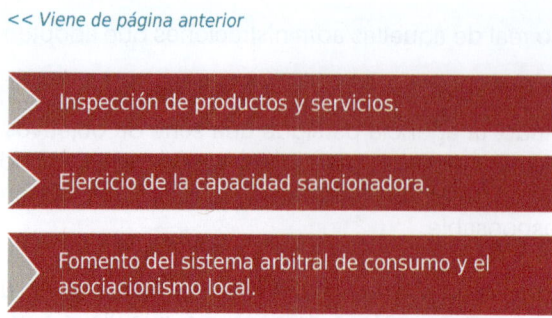

5.3. Reclamación de los consumidores y usuarios

Ante la insatisfacción del consumidor por la compra de un producto o prestación de un servicio, este puede quejarse o reclamar. Para ello, existen distintas vías de reclamación entre las que el cliente puede optar:

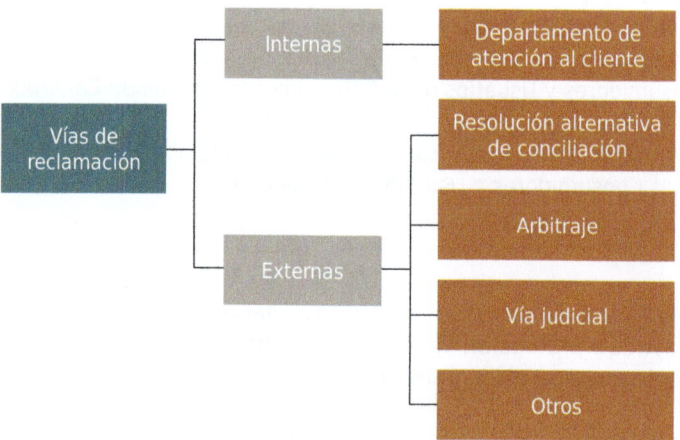

Reclamación interna

Normalmente, lo que el consumidor hace en primer lugar es presentar la reclamación o denuncia en el establecimiento donde ha tenido lugar la compra o la prestación del servicio. En este sentido, resulta indispensable guardar la copia correspondiente a la reclamación realizada. Por lo general, las empresas disponen de sus propios modelos, en los cuales será necesario especificar el nombre, dirección y número de teléfono del demandante, el número de factura, el nombre y la dirección del establecimiento, etc.

Si ambas partes llegan a un acuerdo, el conflicto habrá quedado resuelto. En el caso de que la queja o reclamación interna no se resuelva de manera satisfactoria, sería más eficiente, tanto para la empresa como para el cliente, recurrir a las vías extrajudiciales de protección al consumidor.

Reclamación externa

Es importante evitar las reclamaciones externas, es decir, aquellas que se dirigen fuera de la empresa u organización; no obstante, si se produce alguna reclamación de este tipo por no haber alcanzado un acuerdo con la empresa, el siguiente paso será acudir al sistema de resolución alternativa de conflictos o solicitar, en su defecto, un arbitraje. En caso de agotar estas medidas sin que se le haya dado una solución al consumidor, el último recurso disponible será la vía judicial.

El **sistema de resolución alternativa de conflictos** se define como un procedimiento voluntario mediante el cual se soluciona el incidente rápido y gratuitamente.

Este sistema exige varias **etapas:**

Conciliación
- Un técnico en consumo acoge, asesora y expresa su opinión tanto al consumidor como al comerciante.

Mediación
- El comerciante y el consumidor alcanzan una solución gracias a la intervención de mediadores o técnicos expertos.

Si una de las dos partes no está de acuerdo con la opción ofrecida en la conciliación o en la mediación, entonces será posible solicitar un **arbitraje.**

ACTIVIDAD COMPLEMENTARIA

9. Reflexiona sobre la importancia de presentar reclamaciones en las grandes superficies comerciales y determina cuáles son los pasos que los clientes deben dar durante ese proceso.

El **Sistema Arbitral de Consumo** es una vía extrajudicial reglamentada por la Ley 60/2003, de 23 de diciembre, de Arbitraje.

Así, el cliente insatisfecho tiene la posibilidad de presentar su queja o reclamación ante una asociación de consumidores y usuarios o ante la **Junta Arbitral de Consumo** más cercana, que será quien designe un colegio arbitral.

En el **Sistema Alternativo de Resolución de Conflictos** se sigue un procedimiento muy estricto para lograr solucionar el problema:

1. Se precisa el modelo oficial de solicitud de arbitraje, que puede entregarse en la Junta Arbitral de Consumo de forma directa o mediante una Asociación de Consumidores.
2. Se comprueba que reúne los exigidos legalmente y que la reclamación puede resolverse a través del Sistema de Arbitraje de Consumo y, por último, se inicia el procedimiento.
3. Es indispensable incluir en la documentación entregada, además de la solicitud, las fotocopias de los documentos que certifican la denuncia o la reclamación.
4. El consumidor resuelve si quiere presentar la reclamación en:

   a. La Junta Arbitral Nacional de Consumo.
   b. Las Juntas Arbitrales de Consumo de ámbito autonómico.
   c. Las Juntas Arbitrales de Consumo de ámbito provincial.
   d. Las Juntas Arbitrales de Consumo de mancomunidad.
   e. Las Juntas Arbitrales de Consumo de ámbito municipal.

Vía judicial

En este caso, se acude a la justicia ordinaria para solventar el problema. Lo habitual en estos casos de reclamaciones vinculadas al consumo es que se recurra por la **vía civil** o por la **vía penal,** si se trata de un hecho que puede constituir un delito.

Otros sistemas de resolución alternativa de conflictos

Hay otros sistemas de resolución alternativa de conflictos como el sistema español de autorregulación de la comunicación comercial, la resolución de conflictos financieros *(Fin-Net),* etc.

Además de los procedimientos indicados, los establecimientos tienen a disposición de los clientes **hojas de reclamaciones,** cuyo modelo y procedimiento es regulado por cada autonomía, y permiten exponer las reclamaciones en el punto de venta y en el momento en que hayan surgido las posibles discrepancias.

El procedimiento administrativo no tiene coste para el consumidor a diferencia de lo que ocurre con un juicio. Además, es muy probable que dicha administración trate de resolver el caso, efectuando una mediación que, en la mayoría de los casos, satisface a ambas partes.

 TAREA 12

Hace una semana, el señor Antúnez llevó a una tintorería del centro de la ciudad dos chaquetas y un traje, advirtiéndole al dependiente de la composición del tejido de las prendas que dejaba en el establecimiento; sin embargo, cuando esta tarde ha ido a recoger la ropa, ha observado varios desperfectos en una de las chaquetas, daños que solo pueden haber sido causados por un tratamiento inapropiado para ese tipo de tejido. Esta situación ha llevado al señor Antúnez a requerir una compensación por el daño sufrido. Ante este hecho, el dependiente le comunica que la empresa no se hace en ningún momento responsable de este tipo de desperfectos, lo cual provoca el correspondiente enfado del cliente.

Sabiendo esto, identifica la persona responsable de dar solución a la situación creada entre el señor Antúnez y el dependiente, que está viendo superados sus límites de actuación.

A continuación, elabora un informe en el que se recoja de manera estructurada la situación detectada, así como las posibles conclusiones y alternativas que podrían suponer una mejora para la empresa, utilizando para ello un procesador de texto.

6. Resumen

La **Ley de Ordenación del Comercio Minorista** ha superado ampliamente el ámbito de la regulación administrativa del comercio al por menor, incorporando preceptos que guardan relación con la libre competencia e, incluso, regulaciones de nuevas figuras contractuales y modificaciones importantes dentro de la contratación mercantil en general. En este sentido, el principal de los fundamentos señalados consiste en la referencia, no a una superficie mínima para otorgar la calificación que nos ocupa, sino para que resulte ineludible su calificación como gran establecimiento.

Del mismo modo, el objetivo de la **Ley de Servicios de la Sociedad de la Información y Comercio Electrónico** es generar confianza en el ciudadano para la utilización de estos servicios, favoreciendo el establecimiento y la prestación de servicios, sin necesidad de autorización previa alguna. Como normal general, en ningún caso el establecimiento en el espacio virtual debe conllevar mayores cargas que una situación equivalente en el espacio físico.

Una de las consecuencias directas del uso de los servicios ofrecidos por la Sociedad de la Información y el comercio electrónico es la relevancia adquirida por el **derecho a la protección de datos personales,** derecho fundamental de todas las personas, que se traduce en la potestad de control sobre el uso que se hace de sus datos personales. Este control permite evitar que a través del tratamiento de esos datos se pueda llegar a disponer de información que afecte a la intimidad y demás derechos fundamentales y libertades públicas de las personas.

Asimismo, la **Ley General para la Defensa de los Consumidores y Usuarios** busca una mejor protección de los consumidores en los contratos celebrados a distancia y fuera de los establecimientos de los empresarios; sin embargo, según la Organización de Consumidores y Usuarios, dicha ley se sigue quedando corta en algunos aspectos.

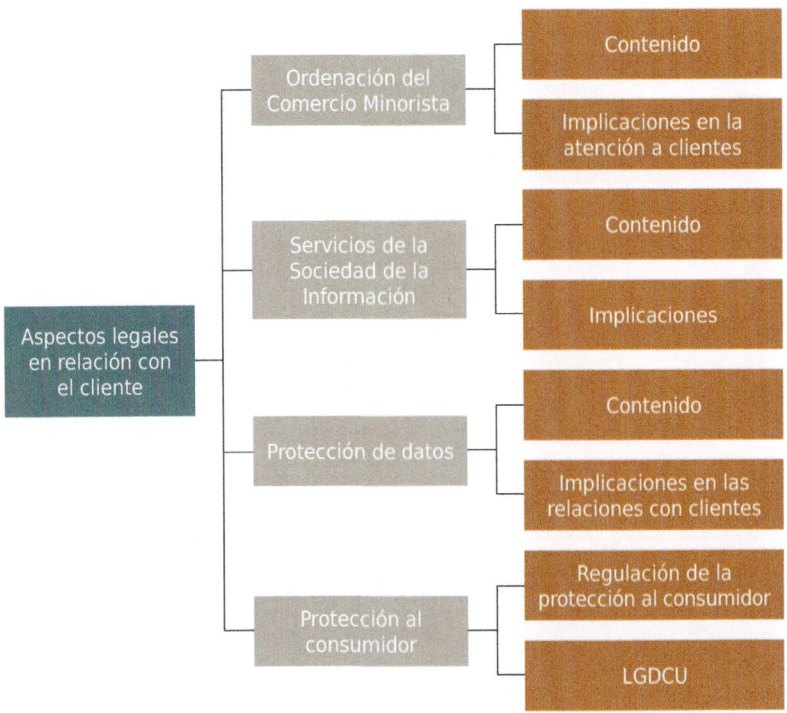

Ejercicios de autoevaluación
Unidad de Aprendizaje 3

1. **Indica quién tiene las competencias sobre el comercio interior en España.**

   a. El Estado
   b. Las comunidades autónomas
   c. La legislación europea
   d. Las mancomunidades

2. **El tipo de comercio en el que los fabricantes venden a un intermediario y no directamente al consumidor final se denomina:**

   a. Comercio de proximidad
   b. Comercio minorista
   c. Comercio mayorista
   d. Comercio asociado

3. **Determina si las siguientes afirmaciones son verdaderas o falsas.**

   a. Una cooperativa de consumo se compone de personas individuales asociadas para comprar y vender sus productos y servicios en beneficio de sus miembros.

   - Verdadero
   - Falso

   b. El comercio asociado se da cuando una misma empresa incluye las funciones de mayorista y minorista.

   - Verdadero
   - Falso

4. Explica cuáles son las ventajas e inconvenientes que ha tenido la irrupción de los servicios de la información y el comercio electrónico en la actividad comercial.

_____

_____

_____

_____

_____

5. El prestador que ejerce de manera efectiva una actividad económica a través de una instalación estable y por un período de tiempo indeterminado se denomina:

    a. Prestador de servicios de intermediación.
    b. Prestador de servicios establecido.
    c. Prestador de servicios itinerante.
    d. Prestador de servicios de la sociedad de la información.

6. Determina si las siguientes afirmaciones son verdaderas o falsas.

    a. El secreto del éxito en las grandes superficies radica en su amplia oferta y en su política de precios bajos.

        ■ Verdadero
        ■ Falso

    b. Las ventajas competitivas más significativas que poseen los pequeños comercios frente a los grandes son el servicio y la atención personalizada.

        ■ Verdadero
        ■ Falso

7. Identifica cuáles de las siguientes son vías externas de reclamación.

    a. Arbitraje.
    b. Resolución alternativa de conciliación.
    c. Vía judicial.
    d. Departamento de Atención al Cliente.

8. Relaciona las siguientes sanciones según corresponda.

   a. Sanciones muy graves.
   b. Sanciones graves.
   c. Sanciones leves.

   __ Envío masivo de comunicaciones comerciales.
   __ No facilitar al cliente la revocación de su consentimiento para recibir comunicaciones comerciales.
   __ Suspender el alojamiento de datos.

Glosario

Acción correctiva
Acción tomada para eliminar la causa de una no conformidad detectada u otra situación indeseable.

AESAN
Agencia Española de Seguridad Alimentaria y Nutrición.

AENOR
Es la empresa acreditada en España por la Entidad Nacional de Acreditación (ENAC) para la certificación de los sistemas de calidad ISO 9000.

AEPD
Agencia Española de Protección de Datos.

Análisis comparativo
Es un estudio profesional realizado por una asociación de consumidores, con arreglo a una metodología objetiva aceptada, informando de los resultados a los propietarios de los productos analizados y posteriormente publicándolos en una revista de análisis comparativos, con el objetivo de informar a los consumidores de las mejores relaciones calidad/precio para los productos analizados.

Atención al cliente
Aquel servicio que prestan las empresas (tanto de servicios como comercializadoras de productos) a sus clientes cuando estos precisen presentar sus quejas, reclamaciones o simplemente sus sugerencias o dudas (de carácter técnico, posventa, etc.) sobre el producto o servicio en cuestión.

Auditoría
Constituye una herramienta de control y supervisión que contribuye a la creación de una cultura de la disciplina de la organización y permite descubrir los errores en las estructuras o vulnerabilidades existentes en la organización.

Calidad

El diccionario de la RAE define el concepto de calidad como "propiedad o conjunto de propiedades inherentes a una cosa que permiten apreciarla como igual, mejor o peor que las restantes de su especie".

Call Center

Se puede definir como un centro de servicio telefónico entre una empresa y sus clientes.

Canal

Un canal de comunicación es el medio de transmisión por el que viajan las señales portadoras de la información del emisor y el receptor.

Cliente fiel

Es un cliente que siempre compra los mismos productos en el mismo establecimiento. Además, resulta más fácil de convencer para que compre los nuevos artículos que se le ofrezca.

Clientela clave

Es aquella que, por sus expectativas y sus necesidades, impone a la empresa el nivel de servicio que debe alcanzar.

Código ético

Es un conjunto de normas de comportamiento ético y moral que no son de obligado cumplimiento, sino que consisten en el compromiso de cumplir dichas normas, con el fin de desarrollar unas prácticas comerciales más correctas.

Complacencia

Tiene lugar cuando el valor percibido del producto supera las expectativas del cliente.

Consumidores finales

Son los compradores de los productos elaborados por los fabricantes en los establecimientos distribuidores.

Contact center

Centro donde se integran diversos canales de interacción con la empresa. Al teléfono se añaden otros medios como el fax, internet, *e-mail*, SMS, etc.

Control de calidad

Es el procedimiento mediante el cual se ejecutan todos los mecanismos, acciones y herramientas que detectan el nivel de calidad de los productos o servicios.

Corrección
Acción tomada para eliminar una no conformidad (ISO 9001:2000).

Cuestionario
Es el instrumento que se utiliza para obtener información primaria mediante comunicación. Se materializa en una lista de preguntas y se clasifica, según sus preguntas, en estructurado o no estructurado.

Customer Relationship Management (CRM)
Herramienta que permite almacenar información sobre los clientes, con el fin de construir una relación duradera con ellos.

Defensor del cliente
Es la persona que se pronunciará sobre las reclamaciones de los clientes conforme a los reglamentos adoptados para ello.

Departamentalización
Proceso de división y agrupación de funciones y actividades en unidades específicas, según su grado de similitud, para alcanzar los objetivos marcados. Está directamente relacionada con el tamaño de la empresa y con la complejidad de sus operaciones, actividades y funciones.

Distribuidores
Son las empresas mayoristas y minoristas que compran los productos elaborados por el fabricante.

Estructura organizativa
Es la forma en la que se ordena todo el conjunto de relaciones de una empresa mediante un nivel adecuado de comunicación y coordinación entre todos los miembros, siendo un instrumento mediante el cual la organización alcanza sus objetivos.

Evaluación de la calidad
Son todas aquellas actividades realizadas por una empresa, institución u organización, para conocer la calidad de esta. Supervisa las actividades del control de calidad. A veces, se define como "el control del control de calidad".

Expectativas
Se refiere a lo que los clientes esperan que van a conseguir al consumir un determinado bien o servicio.

Fax
Instrumento que permite la retransmisión telefónica de documentos.

Fidelización
Consiste en retener al cliente en la empresa durante el mayor periodo de tiempo posible.

Fuentes de información
Son las personas u organizaciones de las que se obtienen los datos que, posteriormente, serán objeto de análisis en el proceso de la investigación comercial.

Fuentes primarias
Son las que generan datos primarios, es decir, aquellos que se obtienen de modo específico para la investigación que se va a efectuar.

Fuentes secundarias
Son las que contienen datos secundarios, que ya estaban disponibles, pues se habían obtenido en estudios anteriores, y sirven para los fines de la investigación que se va a realizar.

Garantía
Acción que una persona, empresa o comercio despliega con objeto de afianzar aquello que se haya estipulado.

Gestión de las relaciones con los clientes (*Customer Relationship Management* o CRM)
Es el conjunto de estrategias de negocio, *marketing*, comunicación e infraestructuras tecnológicas, diseñadas con el objetivo de construir una relación duradera con los clientes, identificando, comprendiendo y satisfaciendo sus necesidades.

Hipermercado
Comercio en el que se exponen una gran variedad de productos con una superficie de venta de más de 2.500 m^2.

Hoja de reclamaciones
Formulario que se utiliza para recoger las reclamaciones de los consumidores.

Imagen
Es algo intangible, pero que sirve para que una determinada empresa comunique su cultura empresarial y cree una determinada marca, logotipo e identidad corporativa, que la hará ser conocida, admirada, consultada, utilizada y tenida en cuenta a partir de ese momento por la sociedad a la que se dirige.

Imagen de marca

Conjunto de percepciones, asociaciones, recuerdos y prejuicios que el público procesa en su cabeza y cuya síntesis es una imagen mental del producto, a través de su representación, relación calidad-precio y de las ventajas y satisfacciones que de él reciben o piensan que pueden recibir a través de su nombre y publicidad.

Individualización

Es la principal característica del *marketing* relacional. Cada cliente es único y se pretende que el cliente así lo perciba.

Información cualitativa

Trata de comprenderlos mediante un análisis exhaustivo y diverso de los datos, mostrando siempre un carácter creativo y dinámico. Exige el reconocimiento de múltiples realidades y trata de capturar la perspectiva de lo investigado.

Información cuantitativa

Se orienta principalmente hacia los estudios que exponen solo clasificaciones de datos y descripciones de la realidad social. Recoge, procesa y analiza datos cuantitativos o numéricos sobre variables previamente determinadas.

Insatisfacción

Se origina cuando el valor percibido del producto no alcanza las expectativas del cliente.

ISO

Organización que recoge un conjunto de normas técnicas internacionales aceptadas y validadas mundialmente sobre sistemas de gestión de la calidad y el medioambiente.

Junta arbitral de consumo

Resuelve los desacuerdos de tipo económico o similar que se produzcan entre consumidores y empresarios, comercios o profesionales.

Legislación de protección al consumidor

Trata de salvaguardar los derechos de las personas que como destinatarios finales adquieren, utilizan o disfrutan de bienes muebles o inmuebles, servicios, actividades o funciones.

Líderes de opinión

Son aquellas personas que influyen sobre el modo de pensar y de actuar de los miembros de su grupo.

LOPDGDD
Ley Orgánica de Protección de Datos Personales y garantía de los derechos digitales.

Marca
Es un signo de naturaleza verbal o gráfica.

Marketing relacional
Es la intersección entre el *marketing* y las relaciones públicas. Persigue instaurar, mejorar, fortalecer y mantener las relaciones de las empresas comercializadoras de bienes y servicios con sus clientes, tratando conseguir así el mayor número posible de negocios con cada uno de ellos.

Marketing transaccional
Proceso de planificación y ejecución del concepto, precio, promoción y distribución de ideas, bienes y servicios para crear intercambios que satisfagan los objetivos del individuo y de la organización.

Mediana
En el ámbito de la estadística, la mediana es el valor de la variable que deja el mismo número de datos antes y después que él, una vez ordenados estos. De acuerdo con esta definición, el conjunto de datos menores o iguales que la mediana representarán el 50 % de los datos, y los que sean mayores que la mediana representarán el otro 50 % del total de datos de la muestra.

Moda
En estadística, la moda es el valor con una mayor frecuencia en una distribución de datos.

Necesidad
Una necesidad es la sensación de una carencia unida al deseo de hacerla desaparecer.

Normas ISO 9000
Son normas técnicas internacionales sobre los sistemas de calidad, aceptadas y validadas mundialmente, que consisten en una serie de procedimientos y directrices que le permiten homogeneizar lenguajes y bases técnicas a nivel mundial, con el fin de seleccionar y mejorar procesos.

Observación
Es el conjunto de técnicas que facilitan la toma de decisiones, obteniendo la información precisa sobre personas o situaciones, sin que los sujetos investigados se den cuenta de que están ofreciendo los datos que configuran sus conductas o comportamientos actuales. Proporciona, por tanto, información cuantitativa.

OMIC
Oficina Municipal de Información al Consumidor.

Organigrama
Es la representación gráfica de la estructura orgánica de una institución o de una de sus áreas.

Organización
Integra todas aquellas formas de ordenación social de la vida de una sociedad. En ellas se incluyen las familias, las clases, la ordenación de la economía y también las formaciones sociales.

Posicionamiento
Es el lugar que en la percepción mental de un cliente o consumidor tiene una marca, lo que constituye la principal diferencia que existe entre esta y su competencia. También se llama posicionamiento a la capacidad del producto de alienar al consumidor.

Prestador de servicios
Cualquier persona física o jurídica que suministre un servicio de la sociedad de la información.

Prueba piloto
Se utiliza para detectar posibles fallos en la elaboración de un cuestionario. Para ello se reparte entre un pequeño grupo de encuestados reales.

Publicidad
Método que utilizan las empresas para comunicar las bondades de sus productos, con el objetivo de incrementar sus ventas.

Quejas/reclamaciones
Expresión de insatisfacción del cliente hacia los productos o servicios de la empresa.

Reclamación
Documento mediante el cual un consumidor expresa una insatisfacción con el producto o servicio de una empresa.

Relaciones públicas
Estrategia de comunicación que, mediante un proceso muy bien planificado, se utiliza para gestionar la comunicación entre las empresas y el público.

Rendimiento percibido

Es el resultado que el cliente percibe que ganó con el producto o servicio que compró. Hace referencia al desempeño (en cuanto a la entrega de valor) que el cliente considera haber obtenido tras adquirir un producto o recibir un servicio.

Satisfacción del cliente

Es el nivel del estado de ánimo de una persona que resulta de comparar el rendimiento percibido de un producto o servicio con sus expectativas.

Servicio

Es el conjunto de prestaciones que el cliente espera, además del producto o del servicio básico, como consecuencia del precio, la imagen y la reputación del mismo.

Servicios de intermediación

Es el servicio a la sociedad de la información por el que se facilita la prestación o utilización de otros servicios de la sociedad de la información o el acceso a la información.

Servicio posventa

Es la última fase que aparece en las empresas cuando se aplica todo el procedimiento de calidad en la atención al cliente, y tiene como principal objetivo fidelizar al cliente.

Sistema de Gestión de la Calidad (SGC)

Serie de actividades empresariales, planificadas y controladas, que se aplican sobre un conjunto de elementos para lograr la calidad.

Sistema arbitral de consumo

Instrumento que las Administraciones públicas ponen a disposición de los ciudadanos para resolver de modo eficaz los conflictos y reclamaciones.

Sociedad de la Información

Aquella en la que la tecnología juega un papel muy importante en las actividades económicas, sociales y culturales.

Spam

Anglicismo utilizado para designar la correspondencia ilícita en el correo electrónico.

TIC

Tecnologías de la Información y la Comunicación.

Tiendas de barrio
Pequeños comercios con un surtido limitado, en los que la relación con los clientes es más estrecha.

Unión Europea
Organización económica y política integrada por 27 países europeos.

Ventaja competitiva
Ventajas o fortalezas que tiene una empresa con respecto a sus competidores.

Bibliografía

Monografías

→ AAKER, D.: *Construir marcas poderosas*. Barcelona: Gestión 2000, 2007.

Libro en el que se exponen de forma práctica los elementos que pueden ayudar a la empresa a maximizar el valor de sus marcas.

→ ALCAIDE, J. C.: *Alta Fidelidad*. Madrid: ESIC, 2002.

En este libro se estudian las claves necesarias para conseguir fidelizar a los clientes, haciendo hincapié en las variables más relevantes del *marketing* de servicios.

→ ARMSTRONG, G., CÁMARA, D., CRUZ, I. y KOTLER, P.: *Marketing*. México: Prentice Hall, 2007.

En este manual se realiza una introducción exhaustiva e innovadora al *marketing*, acompañada de numerosos casos prácticos.

→ ARMSTRONG, G. y KOTLER, P.: *Fundamentos de Marketing*. México: Pearson, 2013.

Libro en el que se analiza el *marketing*, contemplando las nuevas herramientas y tecnologías con las que cuentan las empresas para utilizar este recurso.

→ BECHWITH, H.: *Enamore a sus clientes*. Barcelona: Empresa Activa, 2004.

En este manual se describen las pautas que deben seguir las empresas para destacar sobre la competencia y satisfacer las expectativas de los clientes.

→ BISWAS, S.: *Relationship Marketing*. India: PHI Learning Private, 2014.

En este libro se analizan las acciones que deben llevar a cabo las empresas para generar relaciones rentables con los clientes.

→ BLANCO Prieto, A.: *Atención al Cliente*. Madrid: Pirámide, 2007.

Guía para la formación del personal que se encuentra en contacto directo con el cliente y sus supervisores. Se analizan las habilidades y técnicas básicas para contactar con los consumidores, solucionar dudas y resolver quejas y reclamaciones.

→ JIMÉNEZ García, A.: *Ley Orgánica de Protección de Datos Personales y garantía de los derechos digitales. IC* Editorial. Antequera (Málaga), 2023.

Este manual refleja los principios y características que rigen la protección de datos personales en la empresa.

→ FERNÁNDEZ Rico, E. y FERNÁNDEZ Rico, D.: *Comunicación empresarial y Atención al Cliente*. Madrid: Paraninfo, 2017.

Libro en el que se desarrollan los elementos y formas de comunicación interna y externa de la empresa, la representación en organigramas de los flujos de información empresarial, y el contenido y estructura de la comunicación escrita.

→ GARCÍA Ortiz, F. y GIL Muela, M.: *Técnicas de Servicio y Atención al Cliente*. Madrid: Paraninfo, 2007.

Manual que recoge las diferentes técnicas relacionales que sirven para dar un buen servicio al cliente.

→ LARSON, W. W.: *Mejorar la Atención al Cliente*. Madrid: Prentice Hall, 2002.

Guía donde se examinan las variables que se deben investigar para conocer la influencia de la atención al cliente en las empresas y las pautas a seguir para su fidelización.

→ PAVÍA Sánchez, I.: *Comunicación en las relaciones profesionales*. Antequera: IC Editorial, 2020.

Guía en la que se analizan las técnicas de comunicación efectiva en las relaciones profesionales con personas internas y externas de la organización.

→ PINTADO Blanco, T. y SÁNCHEZ Herrera, J.: *Imagen corporativa, influencia en la gestión empresarial*. Madrid: ESIC Editorial, 2013.

Manual que se centra en analizar la influencia que tiene la gestión empresarial en la imagen corporativa de la empresa. Se hace referencia, entre otros temas, a la investigación y la auditoría de la imagen, y la cultura corporativa, además de profundizar en la identidad visual, la imagen y posicionamiento de marcas.

Textos electrónicos, bases de datos y programas informáticos

→ Consumoteca, de: <www.consumoteca.com>.

 Web que recoge opiniones y noticias de consumidores y expertos, relacionadas con el consumo.

→ Dpto. de Atención al Cliente, de: <www.marketing-xxi.com>.

 Web especializada en *marketing* en la que se publican noticias, artículos y cursos relacionados con el *marketing*.

→ Imagen de marca, de: <https://www.revistarazonypalabra.org/index.php/ryp>.

 Revista digital en la que se realizan publicaciones relacionadas con el mundo empresarial.

→ Portalcalidad, de: <www.portalcalidad.com>.

 Página web en la que se proporciona un servicio de apoyo y resolución de dudas relacionadas con los sistemas de calidad.

→ Promonegocios, de: <www.promonegocios.net>.

 Página web que contiene artículos, foros, recursos y directorios relacionados con el *marketing*.

→ Relaciones públicas, de: <www.rrppnet.com.ar>.

 Portal de relaciones públicas en el que se publican noticias y artículos relacionados con este tema.

→ Significado, de: <http://significado.com>.

 Portal de internet en el que se pueden encontrar distintas definiciones de multitud de términos.